SEXUALIDADE E
CONDIÇÃO HOMOSSEXUAL
NA MORAL CRISTÃ

MARCIANO VIDAL

SEXUALIDADE E CONDIÇÃO HOMOSSEXUAL NA MORAL CRISTÃ

História e Atualização

*Obra em colaboração com a
Equipe de Reflexão Psicológica (ERP)
da Conferência dos Religiosos do Brasil (CRB)*

EDITORA
SANTUÁRIO

DIRETOR EDITORIAL:
Marcelo C. Araújo

EDITORES:
Avelino Grassi
Márcio F. dos Anjos

COORDENAÇÃO EDITORIAL:
Ana Lúcia de Castro Leite

TRADUÇÃO:
Marcelo C. Araújo

REVISÃO:
Ana Lúcia de Castro Leite
Bruna Marzullo
Leila Cristina Dinis Fernandes

DIAGRAMAÇÃO:
Juliano de Sousa Cervelin

CAPA:
Bruno Olivoto

* Revisão da 2ª edição em conformidade com o Acordo Ortográfico da Língua Portuguesa, em vigor a partir de 1º de janeiro de 2009.
Título original: *Sexualidad y Cristianismo. Condición Homossexual y Cristianismo*

Dados Internacionais de Catalogação na Publicação (CIP)
(Câmara Brasileira do Livro, SP, Brasil)

Vidal, Marciano
    Sexualidade e condição homossexual na moral cristã / Marciano Vidal; [tradução Marcelo C. Araújo]. – Aparecida, SP: Editora Santuário, 2008.

    Título original: Sexualidad y cristianismo
    Bibliografia.
    ISBN 978-85-369-0145-9

    1. Homossexualidade – Aspectos religiosos – Cristianismo 2. Sexualidade – Aspectos religiosos – Cristianismo 3. Teologia moral 4. Teologia moral – Aspectos sociais I. Título

08-09699   CDD-241

Índices para catálogo sistemático:

1. Cristianismo e sexualidade: Teologia moral
241

5ª impressão

Todos os direitos reservados à **EDITORA SANTUÁRIO** – 2019

Rua Pe. Claro Monteiro, 342 – 12570-000 – Aparecida-SP
Tel.: 12 3104-2000 – Televendas: 0800 - 16 00 04
www.editorasantuario.com.br
vendas@editorasantuario.com.br

Apresentação

A obra que ofereço, em primeira mão, ao público brasileiro versa sobre duas das questões mais debatidas nos diversos âmbitos, tanto da opinião pública como dos discursos especializados, sejam estes sociológicos, psicológicos ou educativos. Os dois temas têm evidente conexão entre si, já que o primeiro aborda a questão da sexualidade humana e seu significado geral e o segundo refere-se à realização concreta da sexualidade em sua orientação homossexual.

A sexualidade é uma das dimensões básicas da pessoa, que repercute sobre as múltiplas manifestações da conduta humana: individual, relacional, matrimonial, celibatária, familiar, social. A sexualidade é uma grande riqueza da condição humana que não pode deixar de ser aproveitada e, muito menos, pode ser utilizada contra o bem dos indivíduos e da sociedade.

Uma das realizações mais problematizadas no momento presente corresponde àquela das pessoas com orientação homossexual. Sua consideração constitui também um dos desafios teóricos e práticos da hora atual.

A consideração que este livro oferece sobre a sexualidade humana em seu conjunto e, mais concretamente, sobre a orientação homossexual situa-se na perspectiva teológica. Os pressupostos de cosmovisão, as opções metodológicas e os interesses das orientações estão condicionados por essa perspectiva, isto é, situamo-nos no campo disciplinar da ética teológica para abordar as duas questões indicadas.

Nesta disciplina da ética teológica ou da teologia moral, algumas opções concretas foram privilegiadas. Em primeiro lugar, quisemos assinalar as *raízes bíblicas* das duas questões, apontando as orientações que a Sagrada Escritura, especialmente o Novo Testamento, oferece sobre o comportamento sexual, tanto no geral como no caso concreto da orientação homossexual. Em segundo lugar, o leitor imediatamente se dará conta de que demos importância ao *desenvolvimento histórico* dos temas. Estamos convencidos da necessidade de se ver os problemas de hoje à luz do tratamento que foram recebendo nas sucessivas épocas históricas. O terceiro interesse que nos guiou foi fazer ver a necessidade de se *renovar determinadas concepções* das questões analisadas e isso por uma dupla razão: para continuar sendo coerentes com a mensagem evangélica e para responder às exigências da cultura atual, na medida em que ela nos transmite, através dos "sinais dos tempos" (GS 4), o querer de Deus.

Tanto em uma questão (a ética sexual em geral) como na outra (orientações sobre a condição homossexual), situamonos dentro das coordenadas do ensinamento oficial da Igreja. As sugestões pessoais que oferecemos têm como objetivo fazer mais crível e mais funcional a mensagem de salvação que a Igreja oferece para os homens e as mulheres de nosso tempo.

Resta-nos somente nos unir ao desejo expresso pelos bispos da América Latina e do Caribe na V Conferência Geral

(Aparecida, maio de 2007) e plasmado no Documento Conclusivo. Oxalá, os cristãos tornemos realidade a afirmação de que "a vida em Cristo inclui", entre outras "coisas que o Pai nos deu como sinais de seu amor sincero", "o prazer de uma sexualidade vivida segundo o Evangelho" (360).

Primeira Parte

SEXUALIDADE E CRISTIANISMO

Nesta primeira parte, procura-se abordar o tema da sexualidade em seu caráter mais geral e como tal questão foi tratada ao longo da história do cristianismo. Acentua-se o movimento dialético das concepções da moral cristã sobre a sexualidade na perspectiva de se apontar pistas e saídas para uma reflexão moral sexual renovada.

– 1 –

ORIENTAÇÕES BÍBLICAS

1. A moral sexual no Antigo Testamento

Sintetizando os dados do Antigo Testamento sobre o tema do amor e da sexualidade, poderíamos reuni-los em torno a três pontos: originalidade da revelação bíblica; prescrições rituais ou tabus sexuais na legislação judaica; e revelação do mistério do amor humano[1].

---

[1] Bibliografia para o conjunto do Antigo e do Novo Testamento: W. G. COLE, *Sex and Love in the Bible* (London, 1960); T. C. KUIJF, *La sessualità nella Bibbia* (Bari, 1968); P. GRELOT, *La pareja humana en la Sagrada* Escritura (Madrid, 1963); R. GRIMM, *Amour et Sexualité* (Neuchâtel, 1962); R. PATAL, *L'amour e le couple aux temps bibliques* (Paris, 1967); R. C. DE KUIJF, *La sessualità nella Bibbia* (Bari, 1970); A. M. DUBARLE, *Amor y fecundidad en la Biblia* (Madrid, 1970); T. HORNER, *Sex in the Bible* (Rutland, 1974); A. MAILLOT, *Le sexe dans la Bible:* "Foi et Vie 4" (1975), p. 53-75; F. KONING, *La sexualidad en la santa Biblia* (Barcelona, 1976); N. M. LOSS, *Bibbia e sessualità:* "Salesianum 38" (1976), p. 285-326; E. HAMEL, *La sexualité iluminée par la révelation:* "Studia Missionalia 27" (1978), p. 309-325; R. PENNA, *Annotazioni su amore e sessualità dal Antico al Nuovo Testamento:* "Seminarium 24" (1984), p. 40-51; E. S. GERSTENBERGER, W. SCHRAGE, *Il rapporto tra i sessi nella Bibbia e oggi* (Roma, 1984); A. MATTIOLI, *La realtà sessuale nella Bibbia* (Casale Monferrato, 1987); VARIOS, *La sexualidad. Aproximación bíblica:* "Biblia y Fe 18" (1992), p. 5-135; L. DI PINTO, *Sesso e morale nella Bibbia:* "Rassegna di Teologia 41" (2000), p. 599-609 [Comentário a: L. W. COUNTRYMANN, *Sesso e morale nella Bibbia* (Turim 1998)]; P. DEBERGÉ, *L'amour et la sexualité dans la Bible* (Toulouse, 2001); P. CAPELLI (ed.), *Eros e Bibbia* (Brescia, 2003).
Bibliografia para o Antigo Testamento: G. VADJA, *Continence, mariage et vie mystique selon la doctrine du Judaïsme*: VARIOS, *Mystique et Continence* (Brujas, 1952, p. 82-92; A. M. DUBARLE, *La evolución del matrimonio como institución en el AT:* "Concilium n. 55" (1970), p.

a. Originalidade

A originalidade da revelação bíblica sobre o amor e a sexualidade se manifesta claramente na ruptura que a religião judaica opera em relação às outras religiões ambientais. Estas expressavam sua compreensão da sexualidade em mitos e ritos, e a viviam em quadros sociológicos determinados por um direito consuetudinário. O povo judeu não se opõe, mas sanciona o direito consuetudinário das culturas ambientais, como veremos a seguir. A ruptura radical da revelação bíblica com as outras religiões coloca-se no transfundo ideológico que dava consistência e sacralizava a sexualidade humana.

O dogma fundamental de Israel, desde suas origens, exclui os mitos e os ritos sexuais. Yaweh, o Deus dos pais que se manifesta a Moisés (Êx 3,13-25), liberta Israel do cativeiro do Egito para torná-lo seu povo e exige um culto exclusivo (Êx 20,1-3), Yaweh é único (Dt 6,4); não existe ao lado dele nenhum outro deus. Tudo quanto existe foi criado por Ele, é criatura sua. Yaweh é radicalmente transcendente.

Esta crença básica da fé judaica exclui todos os mitos sexuais. Não existe nem a deusa-mãe, nem a deusa-amante, nem a deusa-esposa. Se Yaweh é nomeado com o arquétipo de Pai (Êx 4,22-23; Dt 1,31; Os 11,1s.; Is 1,2), este nome não tem relação com o mito da fecundidade, mas com o modo

---

198-209; J. E. Burns, *Influencia del AT en la ética sexual: La New moral* (Salamanca, 1972), p. 35-58; A. Moreno, *Significado de la sexualidad en el AT:* "Teología y Vida 18" (1977), p. 251-268; A. Fanuli, *Corporeità e sessualità. Il messaggio dell'Antico Testamento:* "Credere Oggi 48" (1988), p. 16-29; D. M. Carr, *The erotic word. Sexuality, Spirituality and the Bible* (Oxford, 2003); D. L. Petersen, *Genesis and Family Values:* "Journal of Biblical Literature 124" (2005), p. 5-23; M. Schwartz, *El sexo en la Biblia* (Barcelona, 2007).

de Deus relacionar-se com seu povo. A fé israelita, como a fé cristã, refuta a existência de uma deusa-mãe junto ao Deus Pai[2]. Ao proclamar a radical transcendência de Deus, o ser humano, enquanto criatura, toma consciência de sua plenitude de existência. É necessária esta "ruptura" com o Pai-Deus ou, castração simbólica", falando em termos psicanalíticos, para alcançar a maturidade existencial de criatura[3]. A revelação plena do mistério de Deus como Trindade não anula aquilo que acabamos de dizer, mas o completa. Descobre-nos o segredo do mistério divino: "Deus é amor"; e não pode ser amor se não é em si mesmo relação. O judaísmo e o islamismo, que não admitem a trindade, podem ser considerados, para falar com terminologia psicológica, como "fixações" de etapas imperfeitas[4].

Encontramos idêntica purificação nos ritos sexuais. As normas rituais de Israel, ligadas à aliança, proíbem todas aquelas formas que tendem a sacralizar a sexualidade como vemos nas religiões ambientais. Em Israel não existe a hierogamia, já que Yaweh não é um Deus sexuado. Proíbem-se a prostituição sagrada com a pena de morte (Dt 22,1-19) e a união sexual com animais (Êx 22,18; Dt 27,21; Lv 18,23). Essas proibições não

---

[2] M. DE UNAMUNO fala das infiltrações "sexuais" no catolicismo espanhol: "A concepção de Deus que nos vem sendo transmitida tem sido uma concepção não antropomórfica, mas andromórfica; não o representamos como a pessoa humana – homo –, mas como varão – vir. Deus era e é em nossas mentes masculino (...). Nossa pobre e imperfeita concepção de um Deus varão (...) necessitava compensar-se e completar-se (...), por isso acudimos para dar-lhe um Deus feminino: junto a Deus Pai pomos a Deusa Mãe, aquela que sempre consola, a Mãe dulcíssima, a Mãe de Deus, a Virgem Mãe" (*Vida de Don Quijote y Sancho:* "Ensayos, 2" [Madrid, 1942], p. 257).
[3] Cf. a interpretação que nesse sentido faz M. ORAISON, *Le mystère humain de la sexualité* (Paris, 1966), p. 127-128, da transcendência de Deus.
[4] Cf. Ibid., 130.

excluíram automaticamente tais práticas. Israel sentiu com frequência a tentação de voltar aos ritos pagãos (cf. Êx 32,6; 1Rs 14,24; 2Rs 23,7).

Assim, pois, a fé israelita rompe com a concepção mítica que as religiões antigas tinham da sexualidade. Não admite uma sacralização mítica da sexualidade humana. Esta é a parte negativa na originalidade da revelação bíblica. Contudo, a fé no Deus único e transcendente é a origem de uma nova compreensão e de uma nova sacralização da sexualidade. Os relatos da criação nos mostram a cara positiva dessa originalidade do pensamento bíblico, segundo se observará mais adiante.

b. Prescrições rituais e tabus sexuais

Além da regulamentação dos costumes sexuais da sociedade, existe uma ética individual[5]. Recordemos os conselhos que são dados aos jovens frente à mulher "perigosa" (Pr 2,16-19; 5,2-14; 6,23–7,27), à reprovação da homossexualidade (Lv 18,22; 20,13; cf. Gn 9,21s.; 19,4-11.24-25; Jz 19,23-30) e às perversões sexuais (travestismo: Dt 32,5; à bestialidade Lv 18,23; Dt 26,21; Êx 22,19; Lv 20,15-16), à proibição da prostituição (Dt 23,17; cf. Gn 38,15-16.24; Dt 23,18; Lv 21,7.9); e à alusão à fornicação como forma de dissipar os bens e perder o vigor, ainda que não seja considerada como falta punível pela lei (Pr 29,3; 31,3).

---

[5] B. LANG, "Du sollst nicht nach der Frau eines anderen verlangen". *Eine neue Deutung des 9 und 10. Gebots: Zeitschrift für Altest.* "Wissenschaft 93" (1981), p. 216-224.

Contudo, a ética sexual do Antigo Testamento está dentro de uma tonalidade tabuística*[6]. Mais ainda, possui uma série de prescrições rituais relacionadas diretamente com a sexualidade. As prescrições rituais não guardam relação direta com a moral. Estão diretamente ligadas às categorias de puro e impuro, entendendo esta pureza no sentido ritualista. No fundo, essas prescrições detalhadas e rigorosas manifestam certo temor diante do sexual e são resíduos de uma concepção tabuística do sexual. Com efeito, "como nas demais leis purificadoras (Lv 11–15), também estes casos acham-se presididos não tanto por motivações de ordem higiênica ou estética, mas sim religiosa, pois, analogamente, como entre os povos vizinhos de Israel e na atual população palestina, os fenômenos sexuais eram considerados como impedimento para a relação cultual com Deus"[7]. Eis alguns aspectos da vida sexual em que aparecem as prescrições rituais[8].

A *menstruação* e o fluxo patológico tornam impura a mulher e todas as pessoas e os objetos que ela toca, durante sete dias (Lv 15,19-23). No caso de fluxo patológico, todo aquele que se pusesse em contato com o paciente tornava-se impuro até à tarde e devia lavar-se (Lv 15,27). A relação sexual com uma mulher no ciclo menstrual, mantida com ignorância de tal estado, tornava o homem impuro no período de oito dias (Lv 15,24) e, no caso de saber, ambos deviam ser castigados com a morte (Lv 20,18). O sangue menstrual

---

* N.E.: Tabuística – relativo a tabuísmo: Palavra, acepção ou locução considerada chula, grosseira ou ofensiva (www.resenhas.com/resenhas/ver.asp?id=747&auth=38446&t).
[6] Cf. G. Khayiguian, *La physiologie, l'hygiéne et la Bible* (Paris, 1958); J. Hempel, *Das Ethos des Alten Testaments* (Berlin, 1964^2), p. 165-174.
[7] W. Kornfeld, *Sexo: Enciclopedia de la Biblia*, VI, p. 653.
[8] G. Khayiguian, o. c., p. 27-85.

era considerado como particularmente impuro (Êx 36,17). Foram propostas diversas explicações para essa proibição do acesso carnal com uma mulher no ciclo menstrual (razões higiênicas, razões de não fecundidade etc.). A melhor explicação é aquela que considera as razões que justificam todas as prescrições rituais, das quais esta toma parte.

O *parto* torna a mulher impura durante sete dias no caso de dar à luz um menino e quatorze dias se fosse uma menina, e devia permanecer em casa 33 dias, excluída do santuário, no primeiro caso, e 66 dias, no segundo (Lv 12,1-6).

Toda *poluição*, tanto patológica como normal (Lv 15,1-15), intencionada ou voluntária (Lv 15,16-17), torna impuro ao homem. Ficam também impuras as pessoas e os objetos em contato com o fluxo seminal de um enfermo e devem ser purificados com abluções (Lv 14,4-5).

O *ato conjugal* torna impuros até à tarde o marido e a mulher, que devem purificar-se com um banho (Lv 15,18).

O capítulo 18 do Levítico precisa os graus de parentesco que proíbem as relações sexuais (tabu do incesto em Israel). Há exceções (Gn 35,22; 2Sm 13; 16,22), porém não ficam sem castigo (Gn 40,4; 1Cr 5,1; exceção Gn 20,12; 19,30-38; 38,9-12).

c. Revelação do mistério do amor humano

Mais importante que as prescrições rituais e os quadros sociológicos é a revelação progressiva do amor humano que o Antigo Testamento nos dá. Destacamos as seguintes etapas fundamentais.

1) O casal inaugural

Os primeiros capítulos do Gênesis descrevem em traços rápidos, porém seguros, a condição humana prototípica ou ideal[9]. Não se trata de uma história no sentido atual, nem tampouco de relatos míticos como existiam nas literaturas religiosas da Mesopotâmia e de Canaã. O gênero literário dos onze primeiros capítulos foi classificado como "etiologia teológica". Significa que procuram expor a causa *(aitía)* das grandezas e misérias da condição humana por meio de algumas reflexões sobre a fé no Deus da revelação *(teologia)*, não excluindo, por isso, uma especial assistência divina sobre o redator da passagem bíblica.

Graças à reflexão teológica esclarecida e guiada pela fé em Yaweh, e mediante uma experiência milenar da trágica condição da vida humana, os autores bíblicos discerniram e expressaram perfeitamente os acontecimentos decisivos que dominam a história da salvação. Geralmente descreveram com imagens tomadas da mitologia babilônica e das lendas do deserto. Além disso, o redator final (século V ou IV a.C.) inspirou-se nas ideias e nas formas da escola sapiencial[10].

A revelação sobre o casal primordial (prototípico)[11] está contida em dois relatos, devidos a dois redatores ou a duas tradições diferentes: no relato da criação (Gn 1,1–2,4a), perten-

---

[9] R. Koch, *La condition de l'homme d'après l'Ancien Testament:* "Studia Moralia 4" (1966) 115-139.
[10] Ibid, 118.
[11] Cf. A. M. Dubarle, *Amor y fecundidad en la Biblia* (Madrid, 1970); M. Gilbert, *Soyez féconds et multipliez* (Gn 1,28): "NRT 110" (1974), p. 742; Id., "Une aide qui lui corresponde". *L'exégèse de Gn 2,18-24 dans les écrits de l'AT, du judaïsme et du NT:* "Revue Théologique de Louvain 7" (1977), p. 329-352.

cente à tradição sacerdotal (P) do século VI ou V a.C; e no relato do paraíso e da queda (Gn 2,4b–3,24), pertencente à tradição javista (J), que remonta ao século IX a.C.

Nesses dois relatos descreve-se o protótipo do amor humano, tal como foi "criado" ou formulado por Deus. Essa é a revelação da realidade do amor: os diversos aspectos da sexualidade não estão dissociados, mas integrados para constituir a perfeição de um amor interpessoal, sobre a base da igualdade e com a dinâmica da fecundidade[12]. Em contrapartida, recusam-se todas as formas aberrantes de sexualidade: bestialidade etc. A sexualidade não é sacralizada pelo recurso a uns mitos ou ritos, mas pela verdade de sua realidade enquanto obra do Criador. "E Deus viu que era bom tudo o que havia criado" (Gn 1,31).

Porém, para completar o quadro, é necessário recordar as *sombras* que são colocadas pelo redator javista (J). O casal humano ideal sofre o drama do pecado. Desta situação dramática irá participar o amor e a sexualidade humana. A bondade fundamental da sexualidade humana trará sempre esta quebra fundamental. O redator bíblico faz referência às repercussões que essa quebra fundamental tem no mundo do sexual. Alguns exegetas quiseram ver traços sexuais nos símbolos e nas expressões de que se serve o redator para descrever a queda primeira[13]. É certo que o casal cai na falta. O tema do pudor marca a diferença entre o "antes" e o "depois" da queda. Enquanto que antes do pecado "ambos estavam

---

[12] M. Gilbert, *Une seule chair* (Gn 2,24): "NRT 100" (1978), p. 66-89.
[13] C. J. Coppens, *La connaissance du bien et du mal et le péché du Paradis* (Gembloux, 1948).

nus e não se envergonhavam disso" (Gn 2,25), depois do pecado, "seus olhos se abriram e viram que estavam nus" (Gn 3,7).

2) Teologia profética

O amor conjugal, segundo a teologia dos profetas, é introduzido no âmbito da aliança. Os profetas servem-se da comparação do matrimônio humano para explicar as relações de Deus com seu povo. Yaweh é o esposo, e o povo é a esposa. O drama do casal humano, drama de amor e de infidelidade, de fecundidade e infecundidade, é a melhor comparação para entender o drama das relações de Deus com seu povo.

As passagens proféticas que desenvolvem esse tema são de uma grande beleza literária e de uma notável profundidade teológica[14]. O profeta Oseias é quem começa usar a realidade terrena do matrimônio humano para expressar a relação entre Deus e seu povo: c. 1–3. O profeta Jeremias volta-se com frequência sobre esse mesmo símbolo da vida conjugal: 2,20-25; 3,13; 31,2-6. Ezequiel atribui um relevo especial ao símbolo conjugal, sobretudo nos capítulos 16 e 23. Nos capítulos 49 a 55 do livro de Isaías, retoma-se o símbolo profético do matrimônio, que é desenvolvido na nova perspectiva

---

[14] C. M. ADINOLFI, *Appunti sul simbolismo in Osea e Geremia*: "Euntes Docete 25" (1972), p. 126-178; P. GRELOT, *Oseas, profeta del amor conyugal:* "Selecciones de Teología 5" (1976), p. 76-78; T. SOLÀ, *La metáfora esponsal en los profetas:* "Revista Catalana de Teologia 28" (2003), p. 1-58; p. 257-307.

do retorno do desterro: retorno solene da esposa abandonada à casa de Yahweh (50,1; 54,6-8.60-62). "Depois do livro de Isaías, o Antigo Testamento não acrescenta nada de novo a esse respeito. Contudo, o símbolo se mantém; falta ainda a concretização histórica realizada pela vinda de Cristo; então, a onipotência de Deus, a onipotência criadora, onipotência de renovação e força salvadora, purificará realmente a Igreja e a preparará para as bodas definitivas com Cristo."[15]

Porém, não podemos entender o símbolo profético do matrimônio em simples nível de comparação. O amor conjugal, ao entrar no âmbito da Aliança, é transformado. Tem agora um arquétipo divino que tem de realizar: o amor de Deus com seu povo. Quando o casal de Israel vive seu amor, sabe que realiza o mistério do amor de Deus com seu povo. As qualidades do amor (fidelidade, entrega, exclusividade) e as falhas no mesmo (infidelidade etc.) recebem uma avaliação nova: uma valorização religiosa da história da salvação.

Se inicialmente o amor conjugal serve de comparação para expressar as relações Yahweh-povo, esta evocação da aliança lança uma luz retrospectiva sobre a realidade humana que lhe serve de ponto de partida. O ideal do amor conjugal não se encontra somente no protótipo do casal primordial, mas também no arquétipo do amor divino.

Esta intuição dos profetas é aprofundada por São Paulo ao relacionar o mistério Cristo-Igreja com o mistério do amor cristão de esposo-esposa, segundo assinalarei mais adiante.

---

[15] E. SCHILLEBEECKX, o. c., p. 70.

3) Literatura sapiencial

A literatura sapiencial soube articular a fé judaica com a sabedoria humana das diferentes culturas e propôs um ideal de amor e sexualidade de grande riqueza expressiva e de denso conteúdo antropológico[16]. São muitas as referências sapienciais a esse respeito. Dentre elas, há de se destacar a contribuição do Cântico dos Cânticos.

O livro do Cântico dos Cânticos é um hino ao amor humano; nele se encontra uma afirmação sem reservas da sexualidade e do erotismo humano[17]. Considerando os estudos exegéticos, pode-se afirmar que esta obra lírica israelita inspira-se na literatura cortesã do Egito e reflete o "humanismo" da época salomônica.

Como disse E. Schillebeeckx, "a obra, que possivelmente está vinculada a uma festa de bodas, não trata tanto sobre o amor conjugal como sobre a beleza física e o amor sensual de dois jovens. O mesmo ambiente em que foi composta, a corte no tempo dos reis do antigo Israel, não permite pensar na influência de uma tradição profética posterior, que pintava a aliança divina com a roupagem do matrimônio. (...) O Cântico constitui, deste modo, um contrapeso saudável a todas as outras correntes do Antigo Testamento que consideram o matrimô-

---

[16] A. Martín Juárez, *La sexualidad. Aporte de los escritos sapienciales:* "Biblia y Fe 18" (1992), p. 51-66.

[17] Cf. A. M. Dubarle, *L'amour human dans le Cantique des Cantiques:* "Revue Biblique 61" (1954), p. 67-86; D. Lyss, *Le cantique des cantiques. Pour une sexualité non ambigüe:* "Lumière e Vie 44" (1979), p. 39-54; R. Murphy, *Un modelo bíblico de intimidad humana:* "El cantar de los cantares":"Concilium n. 141" (1979), p. 95-102; J. F. Six, *Le chant d'amour. Eros dans la Bible* (Paris, 1995); V. Morla, *Poemas de amor y de deseo. Cantar de los Cantares:* (Estella, 2004); Y. Simoens, *Le cantique des Cantiques. Livre de la plénitude* (Bruxelas, 2004).

nio, quase exclusivamente, como meio de perpetuar o clã e o povo. Provavelmente para reagir contra os ritos da fecundidade, o Cântico não exalta as glórias da família numerosa, mas elogia sobretudo o amor humano. Por isso, constitui um comentário idílico e retirado da própria vida, sobre o qual o Gênesis já nos disse sobre as relações entre homem e mulher. Não é demais notar que o segundo, o mais antigo relato da criação, e o Cântico dos Cânticos são mais ou menos contemporâneos"[18].

2. A moral sexual no Novo Testamento

No Novo Testamento encontram-se as orientações básicas que serão abordadas ao longo e ao largo da história da moral cristã do amor e da sexualidade[19]. O desenvolvimento deste conteúdo poderia ocupar muito espaço. Aqui, limita-se o horizonte a dois pontos: a revelação plena do amor humano, insistindo na proposta da virgindade; as orientações morais para o comportamento sexual do cristão[20].

---

[18] E. SCHILLEBEECKX, *o. c.*, p. 51.53.
[19] Sobre a importância da tradução grega dos LXX do Antigo Testamento para a história da moral sexual cristã: W. LOADER, *The Septuagint, Sexuality, and the New Testament. Cases Studies of the LXX in Philo and the New Testament* (Grand Rapids, 2004).
[20] Bibliografia sobre a doutrina sexual do Novo Testamento em seu conjunto: O. A. PIEPER, *L'Évangile et la vie sexuelle* (Neuchâtel, 1955); M. A. FERRANDO, *La sexualidad en el NT:* "Teología y Vida 18" (1977), p. 269-286; E. HAMEL, *La sexualité illuminée par la révelation:* "Studia Missionalia 27" (1978), p. 309-325; C. DOMÍNGUEZ, *Apuntes sobre sexualidad y Evangelio:* "Proyección 32" (1985), p. 299-321; G. BARBAGLIO, *Corporeità e sessualità nel Nuovo Testamento:* "Credere Oggi 48" (1988), p. 30-42; L. W. COUNTRYMAN, *Dirt, Greed and Sex. Sexual Ethics in the New Testament and their Implications for Today* (Philadelphia, 1988); R. F. COLLINS, *Sexual Ethics and the New Testament:* "Behavior and Belief" (New York, 2000); L. PERRONE, *"Eunuchi per il regno dei celi"? Amore e sessualità dal Nuovo Testamento al primo cristianesimo:* "Cristianesimo nella storia 23" (2002), p. 281-305.

a. A revelação plena do amor humano

Com a vinda de Cristo temos a revelação plena do amor. "Deus é amor" (1Jo 4,8) e Cristo no-lo deu a conhecer (cf. Jo 1,18), sendo Ele a manifestação viva do amor do Pai ("tanto amou Deus o mundo...": Jo 3,16) e enviando a nossos corações o Espírito de amor (cf. Jo 14,26; Rm 8,14).

O mistério do amor humano nasce de todo o conjunto do mistério cristão e deve ser entendido dentro de suas coordenadas: fidelidade de Deus a suas promessas de amor (o passado da história da Salvação), o acontecimento de Cristo (o presente da Salvação) e a vinda definitiva do Senhor (o futuro escatológico). O amor humano recebe uma luz nova desse mistério escondido durante muitos séculos e revelado agora na plenitude dos tempos (cf. Ef 3,9).

1) Plenitude do amor conjugal

A revelação cristã vem completar o mistério do amor conjugal nas duas linhas que vimos no Antigo Testamento: na linha do protótipo do casal primeiro e na linha do arquétipo do amor divino. Deste modo se cumprem também aqui as leis de relação entre a antiga e a nova aliança: lei de continuidade e lei de aperfeiçoamento.

Sobre o pensamento paulino: W. STEGEMAN, *Paul and the Sexual Morality of his World:* "Biblical Theology Bulletin 23" (1993), p. 162-166; F. WATSON, *Agape, Eros, Gender. Towards a Pauline Sexual Ethics* (Cambridge, 2000).
Sobre os escritos joaninos: L. SCHOTTROFF, *Sexualität im Johannesevangelium:* "Evangelische Theologie 57" (1997), p. 437-449.

Jesus não determinou uma forma especial de institucionalização para o matrimônio. Sua atitude frente à instituição do matrimônio é exigir o cumprimento do ideal do amor que existia "desde o princípio" no casal ideal primeiro e que, por condescendência pedagógica, diante da "dureza do coração", Deus não quis exigir. O ensinamento de Jesus se coloca na linha de querer levar à realização plena a realidade do amor tal como está dado pelo Criador.

A passagem fundamental dos evangelhos (Mc 10,1-12; Mt 19,3-12) não pode ser interpretada como uma "lei", mas como uma proclamação profética da realidade profunda do amor conjugal e a possibilidade de levá-lo a essa plenitude dentro da fé cristã.

A interpretação dessa passagem, não como uma lei, mas como uma proclamação, mostra-nos que Jesus não determinou uma instituição matrimonial especial, e sim revelou a plenitude do amor e o modo de realizá-lo dentro da fé cristã. Os estudos dos exegetas e dos teólogos caminham neste sentido.

O amor conjugal recebe, assim, sua perfeição cristã na linha do arquétipo do amor divino. Se no Antigo Testamento o matrimônio humano recebeu uma iluminação nova ao passar a ser, na pregação profética, imagem das relações de Deus com seu povo, agora, na revelação cristã, essa claridade é plenificada ao introduzir o matrimônio no âmbito da aliança de Cristo com a Igreja, cuja realidade é "tipo" (= mistério grande); a reinterpretação que faz a carta aos Efésios no capítulo 5, da passagem de Gn 2,24, ilumina a realidade do amor conjugal, elevando-o ao nível da relação de Cristo com a Igreja.

2) Revelação do amor virginal

A revelação cristã sobre o amor humano contribui com outra novidade: a descoberta da virgindade. Pode-se viver o amor humano de uma forma completamente nova; o amor humano pode ter uma estrutura até agora desconhecida: a forma de vida virginal.

O Antigo Testamento não conheceu o ideal da virgindade. Mais ainda, a virgindade aparece como um contravalor. O celibato de Jeremias (c. 16) tem um valor simbólico de tipo negativo; expressa a inutilidade de Israel e a calamidade dos tempos, que impedem de se contrair matrimônio. A declaração da filha de Jefté, antes de ser sacrificada, manifesta idêntica desvalorização diante da virgindade. Não se entristece por ter de morrer, mas sobretudo por morrer virgem, sem se ter desposado antes e gerado filhos (Jz 11,40).

Na teologia de Isaías, o povo de Israel é tão miserável e tão pobre como uma virgem; porém, Deus vai fazer sua obra nessa debilidade e inutilidade, simbolizadas pela virgindade. Nesta infravalorização e até desprezo da virgindade, participa a cultura ambiente onde apareceu e se desenvolveu o cristianismo.

Com a vinda de Cristo, surgem na história este novo conceito e esta nova realidade do amor virginal. A pessoa mesma do Senhor, celibatário, é uma revelação: anuncia e realiza a estrutura dos novos tempos[21]. Nesta nova situação, adquire sentido a dimensão virginal do amor humano.

---

[21] Sobre a condição sexual de Jesus: A. APARICIO, ¿Cómo vive Jesús célibe?: VARIOS, Celibato por el reino: carisma y profecía (Madrid, 2003), p. 165-200.

Os escritos neotestamentários expõem e completam o mistério da virgindade cristã, iniciado na pessoa do Senhor[22]. Encontramos a este respeito, duas séries principais de textos: textos dos Evangelhos sinóticos (Mt 19,10-12; 22,30; Lc 14,26)[23] e o texto paulino (1Cor 7)[24].

3) *Integração das duas dimensões*

O Novo Testamento descobre para nós o mistério genuíno do amor conjugal e revela o grande mistério do amor virginal. Contudo, há algo mais: estas duas facetas do amor – o conjugal e o virginal – não são independentes, mas guardam uma estreita relação entre si. Tanto o amor conjugal como o amor virginal têm uma fonte única: o mistério de Cristo enquanto mistério de amor virginal e nupcial.

O mistério do amor de Cristo à Igreja tem duas traduções institucionais na vida do cristão: a instituição matrimonial e a instituição virginal. O mistério de Cristo não pode ser traduzido na vida cristã somente por uma dessas duas instituições; precisa das duas. Os cristãos de Corinto, em razão da novidade radical do tempo cristão, queriam pôr fim ao matrimônio. No entanto, Paulo, em 1Cor 7, recorda-lhes que

---

[22] Sobre o conjunto do NT: T. Madura, *Le célibat dans le Nouveau Testament*: "Nouvelle Revue Thólogique 97" (1975); S. Blanco, *Célibes por el Reino, Fundamento Neotestamentario*: "Vida Religiosa 94" (2003), p. 42-54.
[23] M. Gruber, "*Eunuchen wegen dês Himmelreichen*". *Mt 19,12 als Jesuaniche Legitimation der Christlichen Ehelosigkeit*: "Geist und Leben 76" (2003), p. 263-271.
[24] J. Velasco, *1Cor 7: la Sexualidad como don*: "Revista Catalã de Teologia 28" (2003), p. 59-87; W. Deming, *Paul on Marriage and Celibacy. The Hellenistic Background of 1 Corinthians 7* (Michigan – Cambridge, 2004²).

o matrimônio continua tendo vigência, porque ainda que "a figura desse mundo passe" (1Cor 7,31), durará até o retorno de Cristo. Porém, o matrimônio deve ser "no Senhor" (1Cor 7,39) e participar da plenitude de seu mistério, que o ultrapassa e é mais que um mistério de amor fecundo. Por isso mesmo existe outra maneira de realizar o mistério de Cristo: a virgindade. Contudo, tampouco os celibatários hão de crer que eles realizam todo o mistério de Cristo.

Consequentemente existe uma íntima relação entre os dois estados. Não se pode separar o matrimônio da virgindade nem a virgindade do matrimônio. O casado cristão não viverá plenamente seu amor se não considerar a existência do outro estado, o da virgindade, que o relativiza e o torna pleno. Por outra parte, o celibatário tem de viver seu amor virginal em referência ao estado do matrimônio, para que seu amor não se converta em egoísmo ou em "angelismo". Em razão de tudo isso, tanto os casados como os celibatários realizam o mistério de Cristo, que é, em unidade inseparável, mistério de amor fecundo e de amor virginal.

Esta relação mútua – diríamos dialética – entre matrimônio e virgindade é um ponto de vista muito tradicional[25], mas só recentemente foi colocada em relevo[26]. É uma visão que projeta grande luz para a teologia, tanto do matrimônio como da virgindade.

---

[25] Cf. CLEMENTE DE ALEXANDRÍA, *Strômata*, 1, III, 12: PG, 8, 1190.
[26] X. LEÓN-DUFOUR, *Mariage et continence*: VARIOS, À la rencontre de Dieu (Le Puy, 1961), p. 319-329; M. THURIAN, *Matrimonio y celibato* (Zaragoza, 1966); U. SARTORIO, *Celibato per il Regno e matrimonio cristiano. Rassegna di posizioni circa i reciproci rapporti*: "Studia Patavian 51" (2004), p. 711-745; M. MARTÍNEZ PEQUE, *Matrimonio y Virginidad: Desarrollo histórico-teológico. Aportación pneumatológica a la reflexión sobre los estados cristianos de vida*: "Revista Española y Teología 51" (1991), p. 57-98.

b. Orientações morais

Depois de expormos a revelação que o Novo Testamento nos faz do amor humano, vamos assinalar as orientações morais neotestamentárias para um comportamento sexual cristão. Convém observar que o Novo Testamento não nos dá nenhuma casuística de moral sexual nem indica orientações concretas para cada uma das situações do comportamento sexual. Com efeito, a exposição daquilo que o Novo Testamento diz sobre a moral sexual concreta não carecerá de interesse para nós. Sem pretender fazer uma confrontação direta entre a moral proposta pelo Novo Testamento e o ensinamento e a situação do ambiente judaico e greco-romano de então[27], vamos deter-nos diretamente na doutrina neotestamentária.

Na exposição sobre a história da moral do matrimônio, recolhe-se o que se refere à moral matrimonial do Novo Testamento. Aqui se limita a consideração a duas orientações da ética sexual neotestamentária: a relação entre os sexos e os pecados sexuais.

1) Relação entre os sexos

O Novo Testamento recolhe e dá novo valor à doutrina de Gênesis 1-2 sobre a igualdade, atração e complementaridade dos sexos. A afirmação de Gl 2,28 ("não existe homem ou mulher") não suprime a realidade sexual; tem de ser entendida numa di-

---

[27] Cf. J. Preisker, *Christentum und Ehe in den drei ersten Jahrhunderten* (Berlin, 1927); C. Spicq, *o. c.*, II, p. 816-827; os artigos correspondentes do ThWNT (Kittel).

mensão religiosa. É Cristo que dá valor ao ser humano, não o sexo (nem a nacionalidade: judeu-grego; nem a condição social: escravo-livre). "Entre os batizados que 'se revestiram de Cristo', a diferença entre homem e mulher perdeu sua importância. Com efeito, na comunidade com Cristo não ficam supressas estas realidades naturais; somente perdem sua força desagregadora."[28]

Paulo reconhece a atração que existe entre os sexos. A necessidade da relação sexual entre os seres humanos faz-se sentir como um fogo violento [1Cor 7,9: "É melhor casar-se que abrasar-se" *(purousthai)*] e como uma vitalidade transbordante (1Cor 7,36: *hipérakmos*).

Contra a *igualdade* dos sexos tem-se querido invocar alguns textos de Paulo[29]. Em 1Cor 11,3-16, Paulo responde a uma pergunta sobre um determinado costume das comunidades: se a mulher deve assistir ao culto com a cabeça descoberta ou coberta. Contra a oposição dos cristãos de Corinto diante de um costume que lhes era estranho[30], Paulo recomenda-lhes trazer a cabeça descoberta, aduzindo a razões de conveniência. Mesmo que o sentido dessas motivações seja obscuro e difícil de se precisar, fica excluída toda subvalorização da mulher por uma expressão clara e taxativa que Paulo introduz, quiçá com a intenção de evitar este mal entendido: "Porém, nem a mulher é algo sem o homem, nem o homem é algo sem a mulher perante o Senhor" (v. 11). Tampouco a parênese conjugal em Ef 5,22-23 su-

---

[28] R. Schnackenburg, *o. c.*, p. 205-206.
[29] J. Murphy-O'Connor, *Sex and Logic in I Corinthians 11, 2-16*: "Catholic Biblical Quarterly 42" (1980), p. 482-500; W. Cotter, *Women's authority roles in Paul's churches: countercultural or conventional*: "Novum Testamentum 36" (1994), p. 350-372; C. Bernabé, *Pablo y las mujeres*: "Sal Terrae 85" (1997), p. 421-438; J. R. Bustos, *Pablo y las mujeres de Corinto. ¿Fue San Pablo antifeminista?*: "Estudios Bíblicos 12" (1997), p. 25-32.
[30] S. Losch, *Christliche Frauen in Corinth (1 Cor 11,2-6)*: "Theologische Quartalschrift 127" (1947), p. 216-261.

põe alguma subvalorização da mulher enquanto tal, ainda que esteja baseada nas condições sociais de então[31].

É verdade que em alguma passagem das Cartas Pastorais se encontrem afirmações que parecem desvalorizar o sexo feminino, por exemplo, 1Tm 2,9-15. "Em relação a esta passagem, deve-se observar que aqui se aceitam concepções judaicas e que se tenta combater um abuso determinado, isto é, a intervenção de 'profetisas' no culto divino e uma aspiração malsã a dons e atividades extraordinárias, que distanciavam a mulher de seus deveres em casa e na família"[32].

2) Pecados contra a sexualidade[33]

A regularização da vida sexual foi objeto de preocupação da Igreja primitiva. Mesmo que haja um pouco de exagero nas descrições dos filósofos moralistas e no quadro de vícios que Paulo nos traça em Rm 1, não resta dúvida de que "à severidade dos romanos antigos havia seguido, na época imperial, uma imoralidade espantosa, que se estendia publicamente, sobretudo nas grandes cidades, conduzindo a uma crescente degeneração da vida sexual"[34]. Os batizados, ao se converterem ao cristianismo,

---

[31] E. Fuchs, *De la soumission des femmes. Une lecture d'Epheésiens 5,21-33*: "Supplément n. 161" (1987), p. 73-81.
[32] R. Schnackenburg, *o. c.*, p. 208. Cf. J.-J. Von Allmen, *o. c.*, 56-57; N. J. Hommes, *Taceat mulier in ecclesia*: "Arcana revelata" (Berlín, 1951), p. 33-43.
[33] A. Humbert, *Les péchés de sexualité dans le NT*: "Studia Moralia 8" (1970), p. 149-183; J. O. Rourke, *Does the NT condem Sexual Intercourse outside the Marriage*: Theological Studies 37 (1976), p. 478-479; J. L. Larrabe, *Sobre los pecados se sexualidad, ¿qué dice la Biblia?*: "Lumen 37" (1988), p. 249-275.
[34] R. Schnackenburg, *o. c.*, p. 202.

não ficavam imunes diante desses vícios. Daí as exortações para fugir dos vícios da impureza.

Convém notar que a doutrina sobre os pecados da sexualidade não ocupa um lugar de primeira importância nas preocupações do Novo Testamento. Os termos empregados adotam uma forma generalizada e não contêm precisões ou detalhes. Por outro lado, este ensinamento aparece, com frequência, no gênero literário moral dos catálogos de vícios e virtudes, procedente de uma tradição do judaísmo tardio com influência do ambiente helenista[35]. Nos catálogos de vícios[36], frequentemente, aparecem em primeiro plano a idolatria (associada amiúde com as desordens sexuais), a impureza e a ganância[37].

Os principais pecados sexuais que o Novo Testamento enumera são os seguintes:

- *Fornicação*[38]. O termo *porneia* (e seus derivados) é empregado numa série de textos, sobretudo do corpus joanino, com o significado traduzível de infidelidade religiosa (Jo 8,4; Ap 17–19). Já vimos outro emprego dessa palavra na cláusula sobre o divórcio

---

[35] Cf. A. Ródenas, *La moral sexual en los catálogos de virtudes y vicios del epistolario paulino*: "Analecta Calasanctiana 19" (1977), p. 265-299. Ver, também, os estudos clássicos: A. Vögtle, *Die Tugend - und Lasterkataloque im NT* (Münster, 1936); S. Wibbing, *Die Tugend - und Lasterkataloge in NT und ihre Traditions-geschichte* (Berlín, 1959); C. Vogel, *El pecado y la penitencia*: Pastoral del Pecado (Estella, 1966), p. 216-227.

[36] Exemplos de catálogos de vícios: Rm 1,29-31; 13,13; 1Cor 5,10-11; 6,9-10; 2Cor 12,20-21; Gl 5,19-21; Ef 4,31; 5,3-5; Cl 3,5-8; 1Tm 1,9-10; 2Tm 3,2-4 (cf. *Didaqué*, 2,1s.; *Hermas*, mand. 8). Catálogos de virtudes: Gl 5,22-23; Fl 4, 8; Ef 4,2-3; Cl 3,12-14; 1Tm 4,12; 6,11; 2Tm 2,22; 3,10; 1Pd 3,8; 2Pd 1,5-7.

[37] Cf. Rm 13,13; 1Cor 5,9-11; 2Cor 12,21; Gl 5,19; Ef 5,5; Cl 3,5; 1Tm 1,9-10; Ap 9,21; 21,8; 22,15.

[38] Cf. F. Hauck, S. Schulz, *Pórne*: "ThWNT, VI", 579-595; C. Spicq, *o. c.*, II, 555, nota 2.

em Mt 5,32 e 19,9. Contudo, em geral, significa, como no grego clássico, a luxúria segundo sua acepção mais geral: relação sexual de homem-mulher fora do matrimônio, que tanto pode ser fornicação estrita (1Cor 6,12-20), como adultério (1Cor 7,2) ou incesto (1Cor 5,1)[39].

O pecado de fornicação recebe uma grande ameaça, que corresponde à avaliação que lhe é outorgada: "Nem os fornicadores, nem os idólatras, nem os adúlteros... possuirão o Reino de Deus" (1Cor 6,9; igualmente em Ef 5,5; confira também 1Tm 1,10; Hb 13,4; Ap 21,8; 22,15). Paulo exorta a fugir da fornicação (1Cor 6,18; 1Ts 4,3; cf. Ef 5,3; Cl 3,5; Gl 5,19) e não se misturar com os fornicadores (1Cor 5,9)

Porém, onde se expõe com todo o relevo a maldade da fornicação é na passagem 1Cor 6,12-29[40]. Diante de uma consideração naturalista e liberal de uma fração libertina dos coríntios (v. 12-13, ver a reação da outra fração encratista*), Paulo diz: "Tudo me é lícito", "os alimentos para o ventre e o ventre para os alimentos". Paulo condena abertamente a fornicação e as razões que ele dá são plenamente teológicas:

---

[39] P. Trevijano, *A propósito del incestuoso (1Cor 5–6)*: "Salmanticensis 38" (1991), p. 129-153.
[40] J. Murphy-O'Connor, *Corinthians Slogan in 1Cor 6,12-20*: "Catholic Biblical Quarterly 40" (1978), p. 391-396; E. Byrne, *Sinning Against One's Body: Pauls' Understanding of the Sexual Relationship in 1 Corinthians 6. 18*: "Catholic Biblical Quarterly 45" (1985), p. 608-616; P. Richardson, *Judgement in Sexual Matters in I Corinthians 6: 1-11*: "Novum Testamentum 25" (1983), p. 513-536; B. N. Fisk, *"Porneia" as Body Violation: The Unique Nature of Sexual Sin in 1Cor 6,18*: "New Testament Studies 42" (1996), p. 540-558.
* N.E.: Encratista: "diz respeito aos encratistas, hereges do século II que condenavam o casamento, o beber vinho e comer carne". Em *Dicionário Contemporâneo da Língua Portuguesa – Caldas Aulete*, 3ª ed., vol. II, Editora Delta, 1974, p. 1239.

1) O cristão, por sua própria condição, pertence a Cristo (v. 13b.14.15a.17.19.20): o corpo, isto é, a pessoa humana em sua manifestação exterior[41], pertence ao Senhor, que o resgatou (v. 20), e gozará de sua mesma glória na ressurreição (v. 14); por isso não pode prostituir-se: seria dispor de algo que pertence a Cristo e dá-lo a uma meretriz. "Não sabeis que vossos corpos são membros de Cristo? E eu vou tomar os membros de Cristo para fazê-los membros de uma meretriz? Que Deus não queira isso" (v. 15).

Diante de uma concepção realista da fornicação (união e pertença íntima: v. 16), Paulo opõe uma concepção também realista da união íntima do Cristão com Cristo (v. 17: "O que se aproxima do Senhor, faz-se um espírito com Ele"). Se as prostitutas que os libertinos de Corinto frequentavam eram prostitutas sagradas[42], então a argumentação de Paulo adquire maior relevância e força, já que a fornicação vem unida com a idolatria.

2) O cristão é templo do Espírito Santo (v. 19); é possessão de Cristo; não se pertence a si mesmo; deve, pois, "glorificar a Deus em seu corpo" (v. 20) e não pode prostituí-lo.

3) Há muita discussão e diversidade de interpretação sobre as razões do v. 18: "Qualquer pecado que um homem cometa fora de seu corpo fica; porém, aquele que fornica, peca contra seu próprio corpo". Todo o contexto nos faz interpretar que o v. 18 à luz dos vv. 13b-17.19-20; e, não vemos aí motivo natural de pudor, mas a continuação da ideia do v. 17: o fornicador

---

[41] O comer e o beber são funções da *koilia* (ventre), isto é, da sarx; em troca, as funções sexuais pertencem ao soma, "isto é, são de nossa personalidade religiosa e moral": C. SPICQ, o. c., II, p. 556, nota 3.

[42] Cf. J. HERING, *La première épître de saint Paul aux corinthiens* (Neuchâtel, 1949), p. 48.

peca contra seu próprio corpo, porque lhe dá um destino totalmente diferente daquele ao qual tem[43].

Assim, no Novo Testamento, proíbe-se toda relação sexual fora do matrimônio. Amor e sexualidade não podem ser separados.

– *Adultério*[44]. Este comportamento, reconhecido tanto na mulher como no homem, é avaliado com gravidade no Novo Testamento (cf. 1Cor 6,9; Hb 13,4). Além disso, a falta de justiça que supõe, e que o Antigo Testamento ressalta, assume no Novo Testamento maior gravidade por ir contra a indissolubilidade do matrimônio, imagem da união de Cristo com a Igreja, da igualdade do homem e da mulher em Cristo[45].

3) *Outros*

A Bíblia não fala do *autoerotismo* (não parece que tenha de se interpretar assim o termo "afeminado" de 1Cor 6,9).

A *bestialidade* é condenada no Antigo Testamento; porém não aparece no Novo Testamento.

Nas Antíteses do sermão da montanha aparece o radicalismo moral da pregação de Jesus[46]; encontramos um exemplo na declaração sobre os *pecados do desejo*: "Eu digo que todo aquele

---

[43] Cf. S. Lyonnet, *De peccato et redemptione*, 1 (Roma, 1957), p. 84-87.
[44] Cf. F. Hauck, *Moijeúo*: "ThWNT, IV", p. 737-743.
[45] J.-J. von Allmen, *o. c.*, p. 45-56.
[46] R. Schnackenburg, *o. c.*, p. 58ss.

que olha uma mulher e a deseja já adulterou com ela em seu coração" (Mt 5,28). Condena-se aqui uma paixão em ação, um desejo feito ação exterior no olhar. Mesmo que diretamente se refira a um desejo em relação a uma mulher casada (adultério)[47], pode-se estender a toda classe de relação homem-mulher.

No texto de 1Jo 2,15-17 ("concupiscência da carne, concupiscência dos olhos e orgulho da vida"), a *concupiscência dos olhos* pode ser entendida no sentido sexual. "A concupiscência da carne joga um papel de afirmação geral (...). Pela concupiscência dos olhos e a soberba da vida, dá-se relevância às más inclinações: faltas sexuais e aquelas relacionadas com a posse das riquezas."[48]

---

[47] P. BONNARD, o. c., p. 66-67.
[48] N. LAZURE, *Les valeurs morales de la théologie johannique* (París, 1965), p. 320-326.

– 2 –

Perspectivas da tradição teológica

A revelação bíblica do amor e da sexualidade não é uma teoria, mas uma mística. Tem de informar a vida real e concreta dos cristãos. Os cristãos das primeiras gerações o souberam muito bem e, por isso, buscaram concretizar o ideal bíblico no comportamento de cada dia. Como as primeiras gerações de cristãos compreenderam e viveram o amor humano? Como adaptaram os princípios bíblicos às novas situações? Quais são os traços próprios da moral sexual do cristianismo primitivo?

A resposta a essas perguntas nos dará uma luz nova para entender melhor a evolução histórica da moral sexual cristã.

1. Observações sobre o pensamento cristão primitivo

O pensamento cristão primitivo sobre a sexualidade pode ser captado através dos escritos, divididos em três grupos: padres apostólicos ou subapostólicos, padres apologetas (séc. II) e escritos da época patrística (séc. III-VII)[49].

---

[49] Estudos gerais sobre esse período: R. Cantalamesa (ed.), *Etica sessuale e matrimonio nel cristianesimo delle origini* (Milán, 1976); A. Mlotek, *Il rigorismo morale nella chiesa primitiva*

Pode-se afirmar com objetividade que os escritos da época patrística recolheram e salvaguardaram o substancial da mensagem cristã do amor e da sexualidade, mais ainda, colocaram em maior evidência alguns valores claramente cristãos, como a virgindade e a castidade conjugal; ao mesmo tempo, deduziram dos princípios fundamentais da revelação critérios mais concretos de comportamento e os aplicaram a situações novas.

Contudo, com a mesma claridade e com idêntica segurança, temos de reconhecer um grande número de elementos pseudocristãos e até contrários ao cristianismo na doutrina patrística da moral sexual. Na sequência, exponho alguns desses elementos espúrios.

a. Influência do estoicismo

A influência do *estoicismo* é direta e evidente em alguns padres (por exemplo, em Clemente de Alexandria), e difusa em todo o cristianismo primitivo[50]. No campo da moral, muitos são os aspectos nos quais se observa a influência do estoicismo.

A visão unilateral da sexualidade, tendo a procriação como finalidade exclusiva, mergulha suas raízes no húmus do estoi-

---

occidentale: "Rivista di Teologia Morale 11" (1979), p. 419-433; P. Brown, *El cuerpo y la sociedad. Los cristianos y la renuncia sexual* (Barcelona, 1993); L. S. Cahill, *Sesso, genere e etica cristiana* (Brescia, 2003), p. 299-382 ("Sesso, matrimonio e famiglia nella tradizione cristiana"; J. M. Prieur, *L'éthique sexuelle et conjugale des chrétiens des premiers siècles et ses justifications*: "Revue d'Histoire et de Philosophie Religieuses 82" (2002), p. 267-292.

[50] J. Stelzenberger, *Die Beziehungen der frühscholastischen Sittenlehre zur Ethik der Stoa* (Munich, 1933); M. Spanneut, *Le stoïcisme des Pères de l'Église, de Clément de Rome à Clément d'Alexandrie* (Paris, 1957); R. B. Ward, *Musonius and Paul on Marriage*: "New Testament Studies 36" (1990), p. 281-289.

cismo. Embora os padres citem em profusão, a esse respeito, as palavras da Bíblia: "Crescei e multiplicai-vos", o contexto do Gênesis de onde procede esse texto dá-lhe uma visão mais integral da sexualidade. A doutrina paulina sobre a virgindade e o matrimônio também não insiste de nenhum modo na relação entre sexualidade e procriação. De onde procede essa insistência, maçante e quase mórbida, em justificar o ato sexual unicamente pela finalidade procriadora? Em grande parte procede do estoicismo.

A justificação do ato sexual somente pela procriação não é uma doutrina fundada na Bíblia; na realidade, a origem desta exclusividade de finalidade provém de tendências pagãs rigorosas, transmitidas a nós pelo pensamento agostiniano[51]. Os moralistas greco-romanos buscaram elevar a este fim o espírito dos esposos[52], os escritores cristãos creram ver aí a tradução pagã de um valor cristão e "cristianizaram" essa tendência. Temos um exemplo de cristianização de valores estoicos na influência que Musionius Rufus teve nos escritos cristãos. Deste autor latino, mestre de moral prática mais que pensador pessoal, conservam-se fragmentos em grego, num dos quais ele se opõe à contracepção e, em outro, declara ilegítimo buscar somente o prazer no uso do matrimônio e não a procriação[53]. Esses textos, sobretudo o segundo, foram recolhidos muitas vezes nos ensinamentos dos escritores cristãos.

---

[51] Cf. L. Janssens, *Morale conjugale et progestogènes*: "Ephemerides Theologicae Lovanienses 39" (1963), p. 787-826.
[52] Ver textos em: M. Murland, *Saint Jean Chrysostome, défenseur du mariage et apôtre de la virginité* (Paris, 1932), p. 50ss.
[53] O. Hense, C. Musoni, *Rufi reliquae* (Leipzig, 1905), p. 64, 77-78.

Esta influência estoica na doutrina da exclusividade da finalidade procriadora do ato sexual perdurou até nossos dias. Este é um elemento espúrio que foi criando obscuridade na evolução da moral cristã. Pense-se que a licitude da demanda do ato sexual, sem intenção imediata de procriação, não aparece como doutrina comum até o século XVII. Pense-se também na lenta e penosa aparição de outros motivos que justificassem o ato conjugal[54]; e nas polêmicas recentes sobre a finalidade do matrimônio e do controle da natalidade, em cujo substrato perdura, todavia, a influência da exposição estoica. O estoicismo influiu no rigorismo com que se apresentaram e se resolveram os problemas morais do matrimônio na época patrística.

"Nesta insistência sobre a moralidade do matrimônio mais que sobre seu aspecto sacramental e na solução rigorista que se dá ao problema das relações conjugais, não se pode deixar de ver uma influência da filosofia popular de tendência estoica."[55]

b. Influência do dualismo helênico e do neoplatonismo

A influência do dualismo helênico e do neoplatonismo se deixou sentir profundamente na doutrina sexual dos Padres e ao longo da história da moral cristã.

---

[54] L. VEREECKE, *Mariage et sexualité au déclin du moyen âge*: "Supplément 57" (1961), p. 208-225. Somente a partir do século XIV e principalmente no século XVI são admitidos outros motivos: o bem espiritual individual do cônjuge, a saúde, o prazer.
[55] M. SPANNEUT, *o. c.*, p. 260.

Esta influência manifesta-se através de uma metafísica depreciativa da matéria e aparece, de maneira geral, na perspectiva da *abstenção* em tudo aquilo que se refere ao comportamento sexual, mesmo dentro do matrimônio. Percebe-se a influência encratista:

- Em proibições que hoje nos parecem escandalosas (restrições um pouco tabuísticas do ato conjugal em determinadas circunstâncias).
- Em concepções negativas do ato conjugal como "ato não sem inconvenientes", um "ato permitido, mas escabroso"[56].
- No pessimismo frente a todo o sexual.
- Na concepção da virtude da "castidade" com certo matiz restritivo e de abstenção.
- No ascetismo como meio para se encontrar uma vida mais pura e dedicada à contemplação[57].

Um aspecto muito importante em que aparece a influência extracristã está na avaliação do prazer que é inerente ao comportamento sexual. Ao longo da história da moral cristã, perdurou este mal-estar de não saber encaixar perfeitamente o prazer dentro de uma concepção integral da sexualidade. Desde a concepção agostiniana do prazer sexual como um mal unicamente justificável com a escusa da procriação, a solução do problema recebeu um estigma negativo que, todavia, não se perdeu. É

---

[56] Essas apreciações prolongam-se até os séculos XIV-XVI: cf. L. Vereecke, *a. c.*, p. 202-208.
[57] Sobre a importância que os filósofos pagãos outorgaram à vida pura e solitária como meio favorável ao exercício da razão para chegar à sabedoria, cf. C. Spicq, *Théologie morale du NT*, II (París, 1965), p. 819 (com abundantes referências técnicas e bibliográficas na nota 1).

certo que não faltaram teólogos que buscaram um modo de integrar o prazer no conjunto harmônico do comportamento sexual[58], mas a doutrina comum foi negativa a esse respeito. Pense-se que somente em começos do século XX os moralistas concordaram com a não ilicitude da busca do prazer moderado entre esposos fora do ato conjugal. Pense-se, também, na dificuldade que existiu em ver integrados em harmonia o amor espiritual e o ato carnal: consequência do dualismo helênico e das tendências neoplatônicas.

c. Concepções pré-científicas

Além dos fatores provenientes do ambiente não-cristão, existiram outros vários elementos que condicionaram a doutrina sexual da época patrística. Um deles, não imputável como falha, é inerente ao grau de evolução da cultura e do pensamento humano. Trata-se da concepção pré-científica e pré-psicológica em que a moral cristã teve de se colocar. Muitas concepções da sexualidade partiam de um erro científico, e a moral cristã sofreu suas consequências. Faltou também uma concepção personalista para dar um sentido autêntico do comportamento sexual humano, radicalmente diferente do animal. Na explicação, a título de exemplo, do ato conjugal faltou uma concepção prévia da relação dual e interpessoal do ato conjugal; uma concepção jurídica e coisificada prevaleceu sobre uma realidade humana de grande riqueza psicológica.

---

[58] A. Plé, *Vida afectiva y castidad* (Barcelona, 1966), p. 111-169 ("O prazer segundo Aristóteles, São Tomás e Freud") expôs, neste sentido, a doutrina de São Tomás sobre o prazer.

d. Fatores pessoais

Outro elemento que teve grande importância na formulação de uma moral sexual rígida foi o *fator pessoal*. Alguns autores introduziram no pensamento cristão perspectivas muito marcadas por suas experiências e por sua psicologia pessoal em matéria sexual. Podemos pensar em São Jerônimo[59] e Santo Agostinho. Este último exerceu uma influência muito grande na doutrina sexual posterior[60]. Temos de subscrever o juízo daqueles que estudaram o pensamento agostiniano sobre a moral do matrimônio e que qualificam como severas, rígidas, rigoristas e com mistura de elementos contingentes as ideias de Santo Agostinho[61].

e. Movimentos extremistas

Acima, insistimos na influência que os movimentos extremistas suscitados dentro do cristianismo exerceram na formu-

---

[59] Cf. H. Nodet, *Position de saint Jerôme en face des problèmes sexuels*: Varios, Mystique et continence (Brujas, 1952), p. 306-356.
[60] Sobre a concupiscência e a *enkrateia* (continência sexual) em Santo Agostinho: H. Crouzel, *La concupiscence charnelle selon saint Augustin*: "Bulletin de Littérature Ecclésiastique 88" (1987), p. 287-308; E. Samek Ludovici, *Sessualità, matrimonio e concupiscenza in Sant'Agostino*: Varios, Etica sessuale e matrimonio nel cristianesimo delle origini (Milán, 1976), p. 212-272; G. Sfameni Gasparro, *Agostino tra etica e religione* (Brescia, 1999), p. 15-43 ("Il tema della 'concupiscentia' in Agostino e la tradizione dell'enkrateia"). Sobre a influência do pensamento agostiniano: M. Müller, *Die Lehre des hl. Augustinus von der Paradiesehe und Auswirkung in die Sexualethik des 12. und 13. Jahrhunderts bis Thomas von Aquin* (Regensburg, 1954); C. Palomo, *Doctrina de san Agustín sobre la malicia del aborto y su influencia en la disciplina penitencial de la edad media* (Salamanca, 1959).
[61] Ver bibliografia em: A. M. Dubarle, *a. c.*, p. 604, nota 68.

lação da moral sexual dos Padres. Os gnósticos, os encratistas, os maniqueus etc., todos deixaram sua marca no pensamento cristão. Mais ainda, a doutrina comum e até oficial não se viu livre de certa prevalência da virgindade e continência sobre o matrimônio, levando a um desequilíbrio perigoso no ensinamento da Bíblia[62].

Tudo isso obriga-nos a um trabalho de purificação crítica. Mesmo admitindo uma continuidade e um progresso no valor substancial da mensagem cristã sobre o amor e a sexualidade, temos de submeter a um exame sincero a doutrina patrística para purificá-la dos elementos não-cristãos que contém.

"Em nenhum outro terreno, como no da sexualidade, manifesta-se a marca de ensinamentos estranhos à esplêndida luz do Evangelho."[63] "Os restos de uma mentalidade platônica, a extrema dificuldade de se precisar uma norma cristã para a sexualidade em meio dos abusos pagãos, a influência eventual em um ou outro autor (Jerônimo, Agostinho) de perspectivas excessivamente marcadas por sua psicologia pessoal em matéria sexual juntaram-se aos dados evangélicos para fazê-los pregar com preferência a virgindade ou aconselhar a continência no matrimônio e não incitaram os padres da Igreja a construir uma moral conjugal plenamente equilibrada."[64]

---

[62] Cf. M. MESLIN, *Sainteté et marriage au cours de la seconde querelle pélagienne*: VARIOS, Mystique et Continence (Brujas, 1952), p. 293-307.
[63] J. GARCÍA-VICENTE, *La régulation des naissances dans l'Église catholique*: "Supplément 74" (1965), p. 320.
[64] A. M. DUBARLE, *a. c.*, p. 610.

2. Observações sobre o pensamento medieval

a. Os dados

A moral sexual na Idade Média é exposta em dois gêneros da literatura eclesiástica: os livros penitenciais e a teologia escolástica.

1) *Livros Penitenciais* (séc. VII-XII)

No que diz respeito à moral sexual, os Penitenciais situam-se dentro das seguintes perspectivas:

– Do mesmo modo que para os Santos Padres, para os autores dos Penitenciais, o uso do matrimônio só é aceitável se está legitimado por uma possibilidade de procriação efetiva.
– Proíbem as relações sexuais aos casados incapazes de procriar, trate-se de incapacidade permanente (esterilidade, imaturidade sexual ou senectude) ou se trate de incapacidade transitória (gravidez, ciclo menstrual etc.).
– Chegam a proibir as relações conjugais sem intenção expressa de procriação. Veem as faltas de sexualidade num contexto e ambiente de magia e idolatria, sobretudo o aborto e a contracepção, que são duramente rechaçadas[65].

---

[65] R. S. CALLEWAERT, *Les pénitentiels du moyen âge et les pratiques contraceptionelles*: "Supplément n. 74" (1965), p. 339-366.

– Diante dessas apreciações, é evidente que a sexualidade não é considerada como uma realidade capaz de ser portadora de valores humanos ou religiosos.

Convém destacar um aspecto na doutrina dos Penitenciais sobre a moral sexual: a formulação da maior ou menor gravidade nas ações pecaminosas. Os fatores que condicionam essa maior ou menor gravidade são os seguintes[66]:

– O grau de deliberação ou a intenção maliciosa do pecador aumentavam proporcionalmente a gravidade de qualquer pecado. Por exemplo, por uma polução espontânea penalizava-se o penitente, obrigando-o a recitar quinze salmos. Se a polução fosse consequência de toques desonestos deliberados, a penitência era incrementada com sete dias de jejum a pão e água.
– Os pecados dos clérigos eram tratados com maior severidade que os cometidos pelos leigos, com o pressuposto que tal estado de vida tornava mais maliciosa a ação da pessoa, pelo que era mais prejudicial para a comunidade. Por pecados de fornicação, impunha-se aos clérigos de grau mais baixo uma penitência de três anos; para os diáconos, cinco anos; sete anos para os presbíteros e doze para os bispos.
– A repetição de ações proibidas ou o propósito habitual de realizá-las eram considerados mais graves que os pecados isolados. Por exemplo, a penitência de cem dias pelo pri-

---

[66] A. Kosnick (Dir.), *La sexualidad humana* (Madrid, 1978), p. 60-61.

meiro pecado de masturbação se ampliava para um ano se essa ação se repetia.

– As consequências possíveis ou efetivas de qualquer ação aumentavam a gravidade da culpa moral. Por exemplo, um leigo que cometera o pecado da fornicação recebia uma penitência de um ano de jejum a pão e água; caso nascesse uma criança daquela união, à penitência se incrementavam outros três anos.

"As atitudes em relação à sexualidade humana que se refletem nestas prescrições são indubitavelmente influenciadas, e em grau muito importante, pelo limitado conhecimento que naquela época se tinha dos dados biológicos, pelo sentimento da pureza ritual, pela desconfiança estoica ante o prazer e pela insistência predominante naqueles tempos sobre a finalidade procriadora do sexo. Contudo, sob esta superfície, podemos entrever, especialmente nas intricadas normas com que se tratava de regulamentar o comportamento sexual, uma avaliação da sexualidade como poderosa energia para a manutenção da dignidade pessoal e a edificação da comunidade humana. Considerava-se imoral e pecaminosa qualquer ameaça ou violação destes valores fundamentais. Os influxos sociais e culturais da época tiveram como resultado o desvio de enfoque na valorização das prioridades e certas proibições injustificadas. Contudo, a preocupação com a dignidade pessoal e com o bem comum revela certa apreciação, embora imperfeita, do princípio moral básico, constante e imutável pelo qual tem de se orientar a avaliação da sexualidade humana. Com o tempo, chegaram a suprimir-se as sanções que pesavam sobre a atividade sexual dos casados anciãos, e isso era indício de que se estava produzindo uma mudança gradual. De uma visão dominada pelo medo do prazer e da exclusividade de admitir como fim único a procriação, passava-se a uma avaliação mais positiva e personalista da sexualidade humana." [67]

2) *A teologia escolástica* (séc. XII-XIII)

A postura dos teólogos moralistas diante da sexualidade começa sendo de caráter muito pessimista. Não podia ser de outro modo, se considerarmos a tradição anterior dos padres, dos primeiros escritores medievais, dos pregadores, dos penitenciais e dos canonistas.

Pedro Lombardo, no 1.IV das Sentenças (distinções XXVI-XLII), recolhe a tradição anterior e lança as bases de uma teologia do matrimônio. Sua doutrina teve uma rápida difusão e uma prolongada influência. Seus comentaristas inserem a moral sexual nos quadros que ele formulou. A tonalidade geral é de caráter pessimista e rigoroso. Muitos canonistas e teólogos sustentam que o ato conjugal não pode nunca ser consumado sem pecado. As restrições no exercício das relações conjugais multiplicam-se excessivamente. Há autores que as proíbem quase todos os dias da semana, invocando razões particulares; o domingo, por comemorar a ressurreição; a segunda-feira, por ser consagrada aos defuntos; a quinta-feira, para comemorar a prisão de Jesus; a sexta-feira, para comemorar sua morte; e o sábado, para honrar a Virgem Maria[68].

---

[67] *Ibid.*, p. 161.
[68] Cf. G. Le Bras, *l. c.*, cc. 2151-2154 (sobre a doutrina de Pedro Lombardo); cc. 2177-2180 (sobre o valor do ato conjugal na Idade Média).

A aparição de Santo Alberto Magno e de São Tomás de Aquino marca uma reação positiva na moral sexual frente a um rigorismo e pessimismo excessivos.

Todos admitem que a reflexão de *Santo Alberto Magno*, na ética sexual, representa uma novidade em relação à ideia da sexualidade formada na teologia dos séculos precedentes[69]. A contribuição fundamental de Santo Alberto é ter colocado em relevo, sob a influência de Aristóteles, o caráter natural e honesto do sexo, da relação conjugal e do prazer que, de uma maneira normal, acompanha o exercício de toda função natural. Com ele, entra na moral o suporte "natural", a base antropológica, como dizemos hoje, da ética sexual. Prova que a "virtude gerativa" é uma "virtus naturalis" e que, por conseguinte, o ato conjugal é bom e necessário.

São *Tomás de Aquino* participa de idêntico otimismo e da mesma visão positiva da sexualidade[70]. Entende a relação sexual como uma realidade natural, que não precisa de uma ulterior justificação, contanto que tenha como finalidade a procriação dentro do matrimônio.

São Tomás classifica os pecados em matéria sexual em razão da finalidade procriadora e em razão do respeito à

---

[69] L. Grandl, *Die sexualethik des hl. Albertus Magnus* (Regensburg, 1955); H. Doms, *Bemerkungen zur Ehelehre des hl. Albertus Magnus*: Studia Albertina (1952), p. 68-89. Ver também: T. Vinaty, *Sant'Alberto Magno, embriologo e ginecologo*: "Angelicum 58" (1981), p. 151-180.

[70] J. Fuchs, *Die Sexualethik des hl. Thomas von Aquin* (Dusseldorf, 1955). Ver também: J. L. Larrabe, *La virtud de la castidad según la reflexión teológica de Santo Tomás*: "Ciencia Tomista 100" (1973), p. 191-214; F. Hammer, *Bemerkungen zur Sexualanthropologie des Thomas von Aquin*: "Zeitschrift für Katholische Theologie 98" (1976), p. 1-8.

ordem fisiológica do encontro sexual humano. Enumera os pecados que impedem a finalidade procriadora segundo uma escala ascendente de gravidade: a poluição ou masturbação voluntária (tal ato não pode ser procriador porque é solitário); a bestialidade (o companheiro pertence a outra espécie); a homossexualidade (um desvio, já que se realiza com uma pessoa do mesmo sexo) e o viciamento do ato sexual entre os esposos (as práticas que o privam de sua finalidade natural). Estes pecados são considerados como os mais graves porque traem o fim primário. Os pecados que não excluem de per si a possibilidade da procriação, segundo a ordem de gravidade crescente, são: fornicação simples, adultério, violação, incesto. Esta classificação somente é compreensível dentro de uma visão que concebe a procriação como a finalidade biológica e natural do ato sexual, já que, por exemplo, a masturbação voluntária é considerada mais grave que o incesto.

Tanto em Santo Alberto como em São Tomás, desaparece a ideia das "escusas" para realizar o ato conjugal. Essas "escusas" não são motivos extrínsecos, mas "de ratione sacramenti".

São Tomás introduz o tema da moral sexual no quadro das virtudes e, mais concretamente, no quadro da virtude da temperança: Suma Teológica, II-II, qq. 141-170.

Este enquadramento será mantido e enriquecido pelos comentaristas da Suma nos séculos seguintes até nossos dias. Mesmo reconhecendo a importância que um enquadramento seguro teve para a ética sexual, não resta dúvida de que serviu também para reduzir e empobrecer o tema da moral sexual.

b. Avaliação

A sombra de Santo Agostinho projeta-se sobre o pensamento teológico medieval acerca da sexualidade[71]. Como disse L. Janssens, "este Doutor conservou, na História da Igreja, uma autoridade tão grande que os grandes escolásticos (Santo Alberto Magno, São Boaventura, São Tomás) fielmente, às vezes servilmente, fizeram suas as concepções dele, até o ponto de crer que certas ideias discutíveis que Santo Agostinho havia tomado de certos filósofos pagãos (sobretudo estoicos) formavam parte da tradição cristã e, através dos escolásticos, certas teses agostinianas, que hoje consideramos caducas, passaram para a tradição teológica posterior e impediram durante muitos séculos a elaboração de uma visão global e total da vida conjugal e familiar"[72].

3. A moral sexual na época do casuísmo (de Trento até o Vaticano II)

Nesse período da moral sexual, continua uma evolução em estreita relação com a controvérsia sobre os sistemas de moral. Entre os autores laxistas (Antônio Diana, † 1663; Antônio Escobar, † 1669; Tomás Tamburini, † 1675), destaca-se Juan Caramuel († 1682), cuja doutrina tem uma particular incidência no campo da moral sexual. Atribui-se a ele quatro proposições

---

[71] Sobre a sexualidade humana na Idade Média: J.-P. Poly, *Le Chemin des amours barbares. Genèse médiévale de la sexualité européenne* (Paris, 2003).
[72] *En las fuentes de la Moral conyugal* (Bilbao, 1969), p. 160-161.

condenadas por Alexandre VII (a 24 e a 25: DH 2044-2045) e por Inocêncio XI (a 48 e a 49: DH 2149-2150), que contêm matéria relacionada ao sexto e nono mandamentos. Eis as proposições condenadas:

- A pederastia, a sodomia e a bestialidade são pecados da mesma espécie ínfima e, portanto, basta dizer na confissão que se procurou a poluição (DH 2044).
- Aquele que manteve relações com solteira satisfaz ao preceito da confissão dizendo: "Cometi com solteira um pecado grave contra a castidade", sem declarar a cópula (DH 2045).
- A masturbação não está proibida por direito da natureza. Assim, se Deus não tivera proibido, muitas vezes seria boa e, alguma vez, obrigatória sob pecado mortal (DH 2149).
- A cópula com uma casada, com o consentimento do marido, não é adultério; portanto, basta dizer na confissão que se fornicou (DH 2150).

A oposição aos laxistas veio da parte dos jansenistas que caíram no rigorismo. Entre os rigoristas convém destacar Antônio Arnauld, Pedro Nicole e Blaise Pascal.

A disputa entre laxistas e rigoristas (mantida, dentro da ortodoxia católica, em termos de probabilismo e probabiliorismo) exigiu a intervenção do magistério eclesiástico. Alexandre VII e Inocêncio XI condenaram as proposições laxistas, e Alexandre VII condena proposições tanto laxistas como rigoristas.

Já foram mostradas quatro proposições condenadas quanto à moral sexual, a seguir apresentamos as restantes:

– É opinião provável aquela que diz ser somente pecado venial o beijo que se dá pelo deleite carnal e sensível, excluindo o perigo de ulterior consentimento e poluição (Alexandre VII, proposição 40: DH 2060).
– O ato do matrimônio, praticado somente por prazer, carece absolutamente de toda culpa e defeito venial (Inocêncio XI, proposição 9: DH 2109).
– Parece tão claro que a fornicação de per si não envolve malícia alguma e que somente é má por estar proibida, que o contrário parece destoar inteiramente da razão (Inocêncio XI, proposição 48: DH 2148).

Santo Afonso expõe a moral sexual em sua *Theologia Moralis*, livro III, tratado IV, c. II ("De sexto praecepto et nono") e livro VI, tratado VI ("De Matrimonio"). Santo Afonso reflete, com alguns matizes peculiares, a letra e o espírito das explicações e soluções que tiveram lugar na teologia moral católica do período que vai de meados do século XVI até finais do século XVIII.

Neste contexto, caracterizado por alguns como um período de "restauração"[73], deve-se situar o pensamento moral de Afonso sobre a sexualidade. Enquanto nos outros campos da moral a postura alfonsiana assume caráter mais benigno, no terreno da moral sexual assume plenamente o espírito e a letra da "restauração" sexual católica, embora rejeite algumas (melhor, poucas) afirmações exageradamente rigoristas[74].

---

[73] R. Canosa, *La restaurazione sessuale. Per una storia della sessualità tra Cinquecento e Settecento*, Milano 1993.
[74] Cf. R. Canosa, *o. c.*, p. 91s.

A moral sexual é exposta em dois momentos diferentes da síntese teológico-moral: no tratado sobre o sexto e o nono mandamentos (ou no tratado da virtude cardeal da temperança) e no tratado sobre o matrimônio. Alguns moralistas, além da doutrina dos manuais, expõem a moral sexual num livreto à parte[75]. Seria inútil assinalar aqui as referências à moral sexual nos manuais de moral casuísta. Nos parágrafos seguintes serão expostos e analisados os principais aspectos dessas explicações. Para todo o conjunto, é válida a seguinte observação: "Com a aparição dos 'manuais de moral', cuja finalidade era a formação dos confessores e cuja atenção estava centrada no pecado, a atitude negativa diante das questões sexuais se reforça"[76].

Duas foram as principais formas de expressar a orientação moral positiva que era necessário introduzir na sexualidade humana: 1) ver a sexualidade sob a orientação expressa no decálogo; 2) estudar o comportamento sexual dentro do sistema antropológico formal das virtudes, em concreto, dentro da ordenação da virtude da castidade.

a. Sob a orientação expressa no Decálogo

Os moralistas que sistematizam a moral segundo o decálogo (principalmente os moralistas de orientação jesuítica e alfonsiana) introduzem a sexualidade no quadro dos sexto e nono mandamentos (Êx 20,14.17). Foram os *Salmanticenses* que pro-

---

[75] Assim fazem: H. NOLDIN, *De sexto praecepto et de usu matrimonii* (Innsbruck, 1920[16]); L. WOUTERS, *Tractatus dogmaticus-moralis de virtute castitatis et de vitiis oppositis* (Brujas, 1932[2]); A. VERMEERSCH, *De castitate et de vitiis contrariis. Tractatus doctrinalis et moralis* (Roma-Brujas, 1921[2]); P. MERKELBACH, *De castitate et luxuria* (Lieja, 1950[7]).
[76] A. KOSNICK (Dir.), *o. c.*, p. 65.

curaram provar que toda a moral sexual está contida mais ou menos explicitamente nestes mandamentos do decálogo[77]. Santo Afonso fez sua esta orientação[78] e dele passou aos moralistas seguintes, que compendiaram a moral sexual nas duas formulações do sexto e do nono mandamentos.

Eis o compêndio que faz H. Noldin[79]: "*Sextum* de decalogi praeceptum explicite quidem solum adulterium (moechiam), implicite vero quamcumque luxuriam externam, *nonum* autem praeceptum luxuriam internam, scilicet cogitationibus et desideriis pravis commissam prohibet. Haec duo igitur praecepta, quatenus *negativa* sunt, prohibent omnem luxuriam tum internam tum externam, quatenus vero *affirmativa* sunt castitatem servandam praecipiunt cuiusque statui convenientem"*.

Ao se ordenar moralmente a sexualidade humana a partir das formulações do decálogo, corre-se o risco de cair em certo "extrinsecismo" moral e em um não dissimulado "legalismo", ao separar a dimensão axiológica do apoio antropológico de onde tem de brotar. De outro lado, mesmo que se interprete corretamente, em sentido integralmente personalista, os mandamentos do decálogo, não resta dúvida de que a formulação dos sexto e nono mandamentos traz intrínseca uma série de configurações socioculturais que pertencem a épocas históricas superadas. Por mais que se queira ampliar o horizonte do decálogo, é difícil que através de suas formulações se alcance todo o amplo campo da moral sexual cristã.

---

* N.E.: "O sexto preceito do decálogo, na verdade, explicitamente proíbe só o adultério (concubinato), implicitamente, porém, qualquer luxúria externa; o nono preceito, porém, proíbe a luxúria interna, isto é, cometida por maus pensamentos e por maus desejos. Esses dois preceitos, portanto, enquanto são negativos, proíbem toda a luxúria, quer interna quer externa; enquanto são positivos, ordenam que se deve guardar a castidade (conveniente ao estado...) de acordo com o estado de cada um".

[77] Tract. 26 de 6º Praec., c. 1, n. 3.
[78] Lib. III, tract. IV, c. 2, n. 414.
[79] *Summa theologiae moralis. Complementum: De Castitate* (Oeniponte, 1955³⁵) 7.

b. Sob a ordenação da virtude da "castidade"

Outra orientação que se seguiu para estudar a moral sexual é aquela enquadrada no esquema das virtudes. A moral sexual em seu aspecto positivo é vista como a realização da virtude da *castidade*.

Entende-se a virtude da castidade como "virtus moralis specialis, pars subiectiva temperantiae, quae inclinat ad moderandum usum facultatis generativae secundum rectam rationem fide illustratam"*[80]. Outros moralistas, ao invés de falar exclusivamente do "uso da faculdade generativa", preferem falar tanto da "faculdade generativa" como do "deleite venéreo"[81].

Nessas definições de castidade, percebe-se uma redução da noção de sexualidade à "genitalidade". Fica limitado o amplo sentido antropológico da sexualidade humana ao reduzido campo da biologia. A concepção da sexualidade como genitalidade conduz a uma moral biologicista, desintegrada da totalidade da pessoa humana. Isso provém de uma noção de castidade centrada na genitalidade.

Pode-se ver o caráter reducionista da castidade num hiato que os moralistas encontram ou colocam entre a virtude da castidade e a virtude da *pudicícia*, a qual moderaria "aqueles atos que, mesmo não sendo venéreos, podem excitar a atividade e o prazer venéreos"[82]. Podem-se contar entre eles as manifestações de amor: beijos, abraços, olhares etc. Essa distinção e essa separação não são válidas numa antropologia sexual integral.

---

* N.E.: "Virtude moral especial, parte subjetiva da temperança, que inclina à moderação no uso da faculdade generativa segundo a reta razão iluminada pela fé".
[80] M. Zalba, *Theologiae moralis compendium*, I (Madrid, 1958) 734.
[81] A. Peinador, *Cursus brevior theologiae moralis*, III (Madrid, 1956), p. 566-567.
[82] M. Zalba, *o. c.*, p. 737.

O matiz biologicista na concepção casuísta da castidade apresenta múltiplos detalhes:

– Na *virgindade* se supervaloriza ou pelo menos se tem em grande consideração o aspecto físico, ao qual se dedicam detalhadas e minuciosas reflexões.

– A *divisão da castidade*, segundo o grau de perfeição com que se pratica, em "perfeita" (abstenção de toda atuação da faculdade generativa, mesmo da atuação lícita no matrimônio) e "imperfeita" (abstenção dos atos venéreos ilícitos), é uma divisão que considera excessivamente o aspecto biológico.

– Percebe-se uma infravalorização difusa da *sexualidade matrimonial*; pelo fato de nos manuais de moral aparecer um artigo no qual se afirma que "a castidade conjugal é de fato uma virtude e um meio de santificação e uma fonte de méritos para os cônjuges, contanto que se deem as condições necessárias"[83], este fato, dizemos, reafirma o temor de que nessa concepção da castidade o matrimônio fique infravalorizado.

c. O pecado em matéria de sexualidade

Se a castidade, enquanto aspecto positivo da sexualidade, é considerada pelos manuais de moral casuística a partir de uma concepção biologicista e genital da sexualidade, o vício contrá-

---

[83] *Ibid.*, p. 744-745.

rio a ela, a *luxúria*, padece de idêntico reducionismo. O pecado sexual é definido a partir dessa mesma perspectiva.

Nas definições que os moralistas dão de pecado sexual, encontramos duas modalidades para o de luxúria: 1) aquelas que insistem no aspecto do uso desordenado de uma *faculdade*, em concreto a faculdade generativa; e 2) aquelas que insistem na busca e aceitação desordenadas de um prazer, em concreto o prazer venéreo. Alguns moralistas mantêm uma postura eclética, combinando os dois aspectos indicados. O pecado sexual consistiria em fazer uso da faculdade biológica generativa e do prazer, de ordinário concomitante a ela, fora do âmbito da finalidade natural que é a única que justifica o exercício dessa função.

O pecado sexual está situado na "atuação dos órgãos genitais" ou no uso indevido do "líquido seminal". Nesta orientação, situa-se a definição de luxúria que oferece L. Wouters[84]: "Luxuria est: appetitus et usus venereorum inordinatus. Venereorum quo nomine veniunt semen et humor quidem spermaticus a semine distinctus"*. Outros concretizam o pecado sexual no "deleite venéreo" buscado indevidamente[85]. Deste modo, o pecado sexual parece estar circunscrito ao campo de uma função biológica. Os manuais de moral casuística certamente avaliam os atos internos em relação à definição do pecado sexual, porém os avaliam enquanto orientação ao exercício da faculdade generativa ou ao deleite venéreo.

---

[84] L. Wouters, *Tractatus dogmatico-moralis de virtute castitatis et de vitiis oppositis* (Brujas, 1932²) 16.
* N.E.: "A luxúria é a procura e o uso desordenado das realidades venéreas, ou seja, do sêmen e do líquido espermático distinto do sêmen".
[85] Cf. P. Merkelbach, *De castitate et luxuria* (Liège, 1950⁷) 30; A. Peinador, *o. c.*, p. 576; H. Noldin, *o. c.*, p. 15.

Por outro lado, uma vez que o pecado sexual se coloca diretamente no nível biológico da sexualidade humana em relação ao "deleite venéreo", surge o problema do *prazer sexual*. Desde Santo Agostinho até os Manuais de corte casuístico, a moral sexual se viu comprometida e envolvida no problema de como integrar o prazer sexual dentro da tarefa da moral sexual. Ao expor a doutrina patrística, já se aludiu a essa questão.

A noção de prazer vem misturada com aderências de uma mentalidade neoplatônica. Às vezes, ele é visto em relação com o pecado original, em que um dos efeitos seria a depravação de todo prazer humano e, mais concretamente, do prazer sexual (concupiscência).

Por sua vez, os moralistas casuístas tendem a reduzir o prazer sexual a sua dimensão "fisiológica". Por isso, distinguem o "deleite venéreo" (propriamente sexual, segundo eles) de outra classe de deleites: o espiritual, o espiritual-sensível, o sensível e o sensual. Entende-se esse deleite venéreo a partir da comoção dos órgãos genitais e da efusão ou não efusão do líquido seminal. Por isso chama-se deleite completo aquele que provém de uma comoção dos genitais com efusão do líquido, e incompleta aquela que provém de uma comoção sem efusão do líquido. Esta maneira de entender o prazer sexual não responde à realidade de uma antropologia sexual integral. O prazer sexual, antes de tudo, é de ordem psíquica e é nas estruturas psíquicas da pessoa que é vivenciado. Mesmo no puro nível biológico, o prazer sexual humano encontra-se nas zonas mais elevadas do sistema nervoso e não nos órgãos genitais, onde tem sua estrutura fisiológica. A psicofisiologia da sexualidade indica um caminho distanciado das considerações casuístas.

A partir da ideia que os moralistas têm do pecado sexual, compreende-se facilmente a divisão "formal" que nele introduzem. A luxúria pode ser interna ou externa; completa ou não completa (a completa pode ser *contra naturam* ou *secundum naturam*, a não completa pode ser luxúria propriamente dita ou impudicícia, na qual não há deleite propriamente venéreo); direta ou indireta (segundo a intenção da vontade).

Desta divisão formal da luxúria, segue a divisão concreta dos pecados contra a castidade. No índice de qualquer manual, pode-se ver um elenco suficientemente completo e detalhado dos pecados contra a sexualidade.

– 3 –

CONCEPÇÕES RECENTES: ENTRE A "RENOVAÇÃO" E A "RESTAURAÇÃO"

Os Manuais de Moral Casuísta terminam em época próxima ao Concílio Vaticano II. Em continuidade, vem a etapa daquela que pode ser chamada "Moral Renovada". No que diz respeito à moral sexual, esta nova etapa na qual nos encontramos caracteriza-se por três traços que se sucedem e dão lugar a três momentos do desenvolvimento histórico: 1) Um momento de "renovação" decidida e sem travas históricas. 2) Outro momento de "freio" ou de "reorientação". 3) Um terceiro momento no qual se tenta uma "conciliação" entre a renovação e as pautas da reorientação oficial.

1. Orientações "renovadoras"

Desde os anos 50 do século XX, já se vinha postulando, sobretudo a partir do impacto da psicologia, uma revisão das concepções da moral sexual[86]. Esses desejos multiplicaram-se em propostas concretas de renovação imediatamente depois do

---

[86] Seleciono três títulos: M. ORAISON, *Vie chrétienne et problèmes de sexualité* (Paris, 1952); J. FOLLIET e outros, *Morale sexuelle et difficultés contemporaines* (Paris, 1953); L. WEBER, *Ética de la familia, del matrimonio y de la vida sexual* (Madrid, 1963).

Vaticano II. De fato, em trabalho paralelo ao da moral fundamental, nos tratados da moral sexual e matrimonial foi onde sopraram os ares de uma renovação moral concreta[87].

É muito extensa a lista das obras sobre moral sexual que apareceram entre o final do Vaticano II e a aparição do Documento *Persona Humana* da Congregação para a Doutrina da Fé (final de 1975). Em nota, apresento os títulos mais representativos, tanto em gênero de boletins bibliográficos como em forma de novas sistematizações, acrescentando as datas de sua publicação[88].

A renovação do tratado de moral sexual se sustém sobre três colunas: a epistemologia; o modelo moral; as normas morais.

a. Aspectos epistemológicos

O impulso de renovação para a moral sexual, igual para todo o conjunto da reflexão teológico-moral, proveio de uma consideração mais atenta das fontes do discurso teológico. As referências tanto à Sagrada Escritura como às ciências antropológicas foram os dois grandes impulsos de renovação.

A normatividade ética do comportamento sexual tem para o cristão um duplo "lugar teológico": a Revelação e a Antropologia.

---

[87] Outras confissões cristãs também realizaram parecido caminho de renovação. Ver, por exemplo: *Sexo y moralidad. Informe para el Consejo Británico de las Iglesias* (Madrid, 1968); W. TRILLHAAS, *Sexualethik* (Göttingen, 1969²); E. FUCHS, *Deseo y ternura. Fuentes e historia de una ética cristiana de la sexualidad y del matrimonio* (Bilbao, 1995).

[88] L. Rossi (1967); J. G. ZIEGLER (1967, 1974, 1989); F. BÖCKLE (1968, 1974); M. MÜLLER (1968); E. KELLNER y otros (1970) ; H. H. SCHREY (1970); H. ROTTER (1971); M. VIDAL (1971); E. ANSCOMBE (1972); G. BAUM (1972); CELAP (1972); J. M. POHIER (1972); S. H. PFÜRTNER (1972); F. SCHMITZ (1972); M. BALLET (1973); D. COVI (1973, 1985); J. E. DEDEK (1973); C. GEES (1973); LEBENDIGE SEELSORGE (1973); E. QUARELLO (1973); B. STRÄTLING (1973); Varios (Maguncia, 1973); Concilium (1974); T. GOFFI (1974); A. HORTELANO (1974); D. MONGILLO (1974); W. PASINI (1974); A. VALSECCHI (1974).

A tradição moral católica sempre reconheceu estes dois princípios heurísticos: "A 'natureza humana', estudada mediante os diversos tipos de conhecimento do homem, e a Palavra de Deus, pronunciada na Bíblia, transmitida pela tradição cristã e acolhida pela fé"[89].

A Revelação Cristã é "lugar teológico" para a ética sexual, não enquanto aborda um conjunto de normas concretas, mas na medida em que oferece uma cosmovisão sobre o homem e sua realização histórica.

Na Sagrada Escritura aparece de maneira plena a cosmovisão que a Revelação oferece para a sexualidade. Este é o elemento decisivo e permanentemente válido para a concepção de uma ética sexual. A partir dele pode-se e deve-se "discernir, no comportamento sexual, as modalidades eticamente aberrantes, isto é, incapazes de expressar a fé-caridade, daquelas outras que, por constituírem uma mediação construtiva, podem e devem ser consideradas como moralmente ordenadas: assim é como se apresenta o conjunto de normas sexuais"[90].

As normas concretas sobre a sexualidade que aparecem na Bíblia podem servir de critério normativo para o cristão em seu comportamento, contanto que antes sejam submetidas a uma hermenêutica. Essas normas concretas da Bíblia sobre a sexualidade devem ser avaliadas e também discernidas através da cosmovisão integral da Revelação. Neste sentido, pode-se dizer que elas têm valor de "modelo" ou de "tipo" e que, a partir dessa significação, têm o vigência normativa para o cristão atual.

Com relação à tradição cristã sobre a sexualidade, afirmava B. Häring: "Podemos serenamente afirmar que a Igreja Católica, sob guia do magistério, conservou sempre o essencial da

---

[89] A. VALSECCHI, *Nuevos caminos de la ética sexual* (Salamanca, 1974), p. 19.
[90] *Ibid.*, p. 24.

mensagem bíblica sobre a sexualidade, mesmo admitindo que as dissonâncias, parciais, foram mais profundas"[91]. Esta afirmação mostra que a tradição cristã é normativa quanto a sua cosmovisão, que soube transmitir com fidelidade substancial; porém, em relação às normas concretas, a validade normativa está condicionada a uma hermenêutica e a um discernimento tão exigentes como aqueles que se postulam para as normas éticas da Bíblia.

Outro "lugar teológico" da normativa sexual é a compreensão humana da sexualidade. Não se entende esta normativa como um simples condicionamento externo nem como uma adaptação ao "espírito da época", mas como um autêntico princípio heurístico para a formulação da moral sexual cristã. O valor a ela atribuído é o de abordar os conteúdos concretos da eticidade no comportamento sexual. Enquanto o próprio da Revelação é oferecer uma cosmovisão para a ética como valor específico, a antropologia sexual aborda a concretude para o compromisso moral.

A compreensão humana da sexualidade não é exposta com velhas mediações ou formulações. Neste sentido, abandona-se a mediação da "lei natural". "Com efeito, a utilização deste critério de comportamento tem sido acompanhada muitas vezes de algumas formas mais acentuadas de absolutismo e de fixidez, como se a lei natural consistisse num prontuário detalhado de preceitos específicos e imutáveis dedutíveis da 'natureza'."[92]

Utiliza-se melhor a mediação da "antropologia sexual". Mesmo que se reconheça que é difícil formular uma antropologia sexual asséptica, pensa-se que é esse o único caminho para se encontrar a normatividade moral, contanto que o fenômeno da sexualidade

---

[91] B. Häring, *Sessualità*: Dizionario enciclopedico di Teologia Morale (Roma, 1973²), p. 925.
[92] A. Valsecchi, o. c., p. 19-21.

seja submetido a uma interpretação integral e integradora. De outro lado, a presença da cosmovisão cristã ajudará a antropologia a pôr em funcionamento seus mecanismos de autocorreção.

A integração dos "lugares teológicos" realiza-se respeitando a especificidade de cada um e assumindo suas estruturas autônomas numa síntese superior. A integração é realizada a partir da aceitação da normatividade proveniente da compreensão antropológica como conteúdo concreto da ética sexual e da normatividade da Revelação como cosmovisão que redimensiona as concepções morais. Este redimensionamento tem uma função tanto crítica como construtiva em função da formulação da moral sexual.

b. O modelo moral para o comportamento sexual

Outro campo importante em que se verificou a renovação foi o do modo como pensar e formular a dimensão moral, tanto positiva como negativa, do comportamento sexual.

1) Dimensão positiva

Ante o paradigma do "decálogo" ou das "virtudes", opta-se por outro de caráter personalista, dentro do contexto de uma atualização da "castidade"[93]. Tal formulação baseia-se na antropologia racional e teológica da sexualidade. Nesse sentido, a moral sexual explicita no trabalho ético a mais profunda realidade (o mais profundo ser) da sexualidade humana.

---

[93] Cf. A. LÓPEZ QUINTÁS, El sentido de la castidad, aproximación antropológica: Vida Religiosa 94 (2003), p. 13-22.

A sexualidade é uma força e dimensão humana para a edificação da pessoa. É necessário converter esse "é" (ser) em "deve ser" tarefa. Deste modo, aparece uma moral sexual centrada na pessoa.

Dessa abordagem, deduz-se um princípio geral: a dimensão moral positiva da sexualidade consiste na "personalização" desta dentro das estruturas da personalidade humana. Expressando isto de modo mais simples, afirma-se que um comportamento sexual é bom, moralmente falando, quando "personaliza" ou tende a "personalizar" ao sujeito humano. Isto supõe que tal comportamento sexual está "integrado" no conjunto harmônico da pessoa. Sublinha-se que uma moral sexual cristã entende essa pessoa a partir de coordenadas novas, as da revelação cristã é uma pessoa cristianizada.

Por outro lado, a moral sexual foi incorporando as categorias de *atitude* e de *opção fundamental* em contraposição à exposição reducionista e monocolor de uma moral centrada nos *atos*. "Os atos em si, atomisticamente considerados, não têm tanta importância, como a atitude unitária interior que esses atos manifestam em seu conjunto."[94]

A moral sexual, ao centrar-se sobre a pessoa, tende a transferir o acento ou ponto de interesse do campo "puramente sexual" para o terreno mais amplo da pessoa. Assume-se o princípio formulado por R. Allers de que "a melhor educação é, ao mesmo tempo, a melhor educação sexual"[95]. A moral sexual, ao ser polarizada em torno do núcleo da personalidade, entendida dinamicamente num desenvolvimento de integração progres-

---

[94] V. Costa, *Psicopedagogía de la castidad* (Alcoy, 1968), p. 23.
[95] R. Allers, *Pedagogía sexual* (Barcelona, 1958), p. 648.

siva da personalidade em todos os níveis, adquire a tonalidade grande de "moral da pessoa" ou moral antropológica. É abordar o problema da sexualidade na totalidade da existência humana. Por isso, afirma-se que o caráter principal da personalidade sadia é uma sexualidade bem integrada na totalidade da pessoa.

2) Dimensão negativa

Critica-se a noção que os manuais de moral casuísta dão de pecado sexual ao reduzi-lo ao âmbito do genital. Daí que se situe a dimensão negativa do comportamento sexual no contexto de uma antropologia sexual integral.

Se o "dever ser" da sexualidade (dimensão positiva) consiste em que esta seja integrada na dinâmica ascendente da maturação da pessoa, enquanto estrutura existencial de intimidade pletórica e de abertura oblativa aos demais; uma falha nesse "dever ser" (falha moral) é entendida como negação ou não realização dessa exigência de "personalização" que tem a sexualidade humana.

A pessoa, em virtude de sua sexualidade, está essencialmente ordenada para o amor e para a comunidade; o pecado sexual radical consiste na individualização da sexualidade. A sexualidade fica individualizada quando não logra integrar-se na totalidade dinâmica da pessoa e quando faz com que o sujeito se enclausure em si mesmo: "Quando o ser humano não chega, mediante o sexual, à união permanente com outro ser humano por causa de quaisquer obstáculos introduzidos em sua realização, ficando preso em seu próprio eu"[96].

---

[96] A. AUER, *Sexualidad*: Conceptos fundamentales de Teología, IV (Madrid, 1966), p. 268.

O denominador dos comportamentos sexuais desordenados é o egoísmo que bloqueia os dinamismos construtivos da sexualidade. Falando em termos psicológicos, toda conduta sexual desordenada é assim por meio do mecanismo narcisista. O egoísmo não permite que a sexualidade se abra e logre uma maturidade pessoal e interpessoal. Por isso, A. Plé afirma que a função da castidade é "desnarcisar" a sexualidade. "A autêntica virtude da castidade é, especificamente, uma capacidade de amor. Habilita o virtuoso a ordenar, em seu interior, suas paixões da carne que assim são assumidas pelo espírito e felizmente integradas na pessoa humana. Seu efeito é desnarcizar as alegrias da carne, elevadas à oblatividade do amor espiritual que vai de pessoa a pessoa e de corpo a corpo." [97]

Ao ser uma falha no amor, o pecado sexual é, no fundo, uma falha na caridade. Quebra-se, então, a dinâmica básica do cristianismo, que se define pelo amor. Todo pecado sexual é um pecado contra a caridade.

c. O sistema normativo

A terceira grande insistência da renovação concentrou-se no sistema vigente das normas de moral sexual. Em primeiro lugar, constatou-se a não-aceitação e a falta de credibilidade da normativa da moral oficial. A moral das Igrejas Cristãs, oficialmente vigente, é contestada ou esquecida na maior parte dos estratos da sociedade atual; contestação e esquecimento referentes tanto a aspectos concretos (abstinência sexual pré-matrimonial; fidelidade matrimonial etc.), como à totalidade da concepção.

---

[97] A. Plé, *Vida afectiva y castidad* (Barcelona, 1966), p. 223.

Em segundo lugar, discutiu-se o sentido e a finalidade das normas éticas no campo da moral sexual, uma discussão que teve lugar tanto na teologia católica como na ética protestante[98].

Em terceiro lugar, ao se constatar que a crise da moral sexual concretiza-se, em grande parte, na crise das normas sexuais, faz-se um discernimento do sistema normativo oficial. As principais falhas descobertas no sistema eclesial, com relação às normas sexuais, referem-se tanto à formulação das normas quanto ao conteúdo das mesmas.

No que se refere à formulação, pensa-se que as normas sexuais adotaram algumas características que lhes fizeram perder a credibilidade. Em concreto, critica-se:

- O *modo autoritário* na apresentação e justificação das normas, que pressupõe a aceitação de um dirigismo moral ou de uma moral de obediência.
- O *caráter fechado* na formulação das opções, não considerando a nova situação da "sociedade aberta" e pluralista.
- A *metodologia abstrata* da dedução das normas a partir de alguns princípios aceitos previamente e não questionados.

---

[98] G. Barczay, *Revolution der Moral? Die Wandlungen der Sexualnormen als Frage an die evangelische Ethik* (Zurcí-Stuttgart, 1967); H. Ringelin, *Theologie und Sexualität. Das private Verhanten als Thema der Sozialethik* (Gütersloh, 1968); P. Stromberg, *Befreiung der Sexualität*: A. Grabner-Haider (ed.), *Beitrag zu einer Sexualmoral* (Mainz, 1972); M. Sievernich y otros, *Sexualmoral ohne Normen?* (Mainz, 1972); B. Häring, *Sessualità*: "Dizionario enciclopedico di Teologia Morale" (Roma, 1973²), p. 930-932; F. Böckle, *Iglesia y sexualidad: Posibilidad de una moral sexual dinámica*: "Concilium n. 100" (1974).

– A *validade absoluta* na fixação de normas com caráter imutável e com validade universal.
– A *forma preferencialmente proibitiva* na apresentação das exigências da sexualidade.

Naquilo que diz respeito ao conteúdo expresso pelas normas oficiais, pensa-se que nem sempre corresponde ao valor real que tratam de salvaguardar. Com efeito, às vezes as normas sexuais oferecem uma apresentação do valor naquilo que têm de condicionamento histórico e descuidam do que é elemento estrutural. F. Böckle assinalou dois exemplos de normas que não recolhem exatamente o valor[99]:

– O juízo moral que serve de base para a proibição tradicional da *anticoncepção* seria formulado mais ou menos do seguinte modo: "É imoral excluir ativamente a procriação na entrega sexual, a não ser que haja razões importantes que recomendem evitar a concepção e que a continência seja prejudicial para o casal". Contudo, as condições mudaram de tal modo que já não é exceção, mas ordinário, o caso de uma anticoncepção moralmente justificada. Segundo isso, o valor permanece o mesmo, porém tem de se modificar a formulação.
– A proibição da relação genital *extraconjugal* e *pré-matrimonial* teve formulações na história da moral que faziam referência a valores que hoje em dia não são

---

[99] F. BÖCKLE, *a. c.*, p. 520-521.

considerados como tais. Em troca, têm de aparecer na formulação da norma moral outros valores que sejam mais coerentes com o significado da sexualidade humana.

Para solucionar a crise da moral cristã, pediu-se uma reformulação séria e profunda do sentido e da finalidade das normas sexuais. Somente assim o ethos cristão seguiria tendo credibilidade para o homem atual. A defasagem entre *significado* (da sexualidade) e *norma* (moral cristã) era bastante clara na moral sexual cristã oficialmente vigente. F. Böckle perguntava se a Igreja estava disposta a modificar suas normas sexuais a partir da nova compreensão da sexualidade. E responde: "De modo nenhum. A julgar pelas orientações mais recentes, a Igreja mostra-se firmemente decidida a manter-se nas normas tradicionais: mesmo que a sexualidade não esteja vinculada exclusivamente ao matrimônio, sua plena realização continua vinculada, o que significa que continua proibida toda entrega sexual fora do matrimônio ou a caminho dele. A *Humanae Vitae* rejeitou estritamente qualquer intento de relaxar a proibição do controle natalidade. Porém, neste ponto, são muitos, inclusive entre nossas melhores pessoas, que não estão de acordo. Suspeita-se que sobra timidez aos responsáveis da Igreja e falta-lhes decisão para tirar as consequências da nova ordem de valores. Daí que surjam as referidas discrepâncias e que muitos forjem suas próprias normas de conduta"[100].

---

[100] *Ibid.*, p. 515-516.

Essa afirmação de um dos grandes moralistas católicos da época do Concílio Vaticano II fecha a porta ao primeiro momento pós-conciliar, e a abre para um segundo momento caracterizado por uma espécie de "retrocesso" nas concepções teológico-morais.

2. O momento de "crise" (sinais de "restauração")

A publicação da encíclica *Humanae Vitae* (1968) supôs uma notável "crise" na consciência da moral católica. Esta crise concentrou-se, de forma imediata, na ética conjugal da procriação, porém, em continuidade, repercutiu em outros campos da moral dos católicos. Um desses âmbitos foi o da sexualidade.

Contudo, o impacto maior para as concepções da ética sexual católica foi provocado pela Declaração *Persona Humana* da Congregação para a Doutrina da Fé (1975).

Junto a essa referência primária, tem de se assinalar outros fatores que condicionaram e continuam condicionando as concepções da moral sexual católica. Limito-me a apontá-los, reservando um pouco mais de espaço para a referida Declaração.

a. "Intervenções" sobre opiniões de moralistas

No início deste capítulo, aludia-se aos "conflitos" do cristianismo histórico com a sexualidade humana. A ética sexual constitui um dos setores nos quais se percebe de maneira evidente essa conflitividade.

Devem-se sublinhar, entre outras formas de conflitividade, as dificuldades que alguns moralistas, que tentaram abordar com nova metodologia a normatividade sexual, têm encontrado dentro dos setores oficiais da Igreja Católica. Sem entrar em avaliações concretas, estes "casos" colocam em relevo o conflito que gera a sexualidade na Igreja, quando passa a ser tema de uma discussão livre de prejuízos.

Recordemos os "casos"[101] de P. de Locht[102]; M. Oraison[103]; S. H. Pfürtner; A. Valsecchi[104]; A. Kosnick; J. J. McNeil; A. Guindon[105] etc.

---

[101] Ver dados sobre A. Kosnick, J. J. McNeill, y A. Guindon en: Ch. E. CURRAN, R. A. McCORMICK, *Readings in Moral Theology. 8. Dialogue About Catholic Sexual Teaching* (New York, 1993), p. 451-510.

[102] Ver as declarações autobiográficas: P. DE LOCHT, *Morale sexuelle et magistère* (París, 1992). Cf. também: A. CHAPELLE, *Morale sexuelle et Magistère*: "NRT 114" (1992), p. 412-418.

[103] Seu livro (tese doutoral) *Vie chrétienne et problèmes de la sexualité* (París, 1952) foi incluído no Índice de livros proibidos (AAS 47 [1955], p. 46). Antes dessa decisão, foi chamado pelo Santo Ofício. O interessado recorda esse "encontro" nestes termos: " O marco era grandioso e triunfalista por empregar uma palavra de conciliação. Encontrava-me só, perdido num amplo salão profusamente decorado, sentado sobre uma cadeira, rodeada de duas poltronas enormes, uma à esquerda e outra à direita. Em cada poltrona um cardeal: Pizardo, chefe supremo do Santo Ofício, depois do papa, e Ottaviani, seu adjunto. O primeiro começou a falar, todavia, ressoam em meus ouvidos algumas de suas frases. Esta foi a ideia geral: meu livro era pernicioso e 'perturbava os costumes'; punha em perigo a moral. Para uma boa educação da sexualidade, nada melhor que o medo do inferno e uma alimentação a base de féculas. Quanto aos futuros sacerdotes, disse-me textualmente: 'Para a pureza nos seminários não há nada como o terror, os espaguetes e os feijões verdes'. Fiquei em pedaços" (M. ORAISON, *Reconciliación. Memorias* [Salamanca, 1969], p. 195).

[104] Contra o livro de A. Valsecchi, *Nuevos caminos de ética sexual*, interveio o Espiscopado da Província Eclesiástica da Lombardia (1973); a ele também aludiu uma Nota da Comissão Permanente do Episcopado Espanhol na ocasião da tradução do livro ao castelhano (1974). Tem de recordar também que o artigo "Moral Sexual" da primeira edição do "Diccionario Enciclopédico de Teologia Moral", escrito por A. Valsecchi, foi mudado nas seguintes edições por outro devido à pluma de B. Häring.

[105] Sobre o caso Guindon: CONGREGAÇÃO PARA A DOUTRINA DA FÉ, Nota referente ao livro *The Sexual Creators, An Ethical proposal for Concerned Christians* (University Press of America, Lanham-New York-London 1986) do Pe. André Guindon: "Il Regno 37" (1992) n. 7, 202-205; A, GUINDON, *L'éthique sexuelle qu'en Église je professe*: "Église et Théologie 24" (1993), p. 5-23; D. COUTURE, *À propos d'une note romaine sur le livre d'André Guindon "The Sexual Creators"*: "Laval Théologique et Philosophique 49" (1993), p. 321-329.

b. Dificuldades diante do Magistério Eclesiástico

O magistério pontifício encontrou no tema da sexualidade dificuldades que não havia tido em outros campos da ocupação dos cristãos.

Aí estão como testemunhos os magistérios de Pio XII e de Paulo VI. "Enquanto na época de Pio XII determinados 'movimentos' intraeclesiais (pense-se, por exemplo, nos movimentos litúrgico, bíblico, ecumênico ou social) fizeram amadurecer alguns temas que encontrariam confirmação no Concílio Vaticano II, o da sexualidade, sobretudo no sentido de revisar certos elementos da posição fundamental, não pôde ser abordado de forma aberta e natural até depois desse pontificado, isto é, mais além de uma maneira casuística 'fiel à doutrina', ainda que também neste tema o Papa Paulo VI tenha sugerido certa moderação." [106]

Nem todas as intervenções oficiais sobre moral sexual tiveram um tom negativo[107]. Não obstante alguma exceção, os documentos da hierarquia que cito a seguir situaram-se no equilíbrio entre tradição e renovação:

– Declaração da Conferência Episcopal da Alemanha (1974): Ecclesia n. 1722 (4 de janeiro de 1975), 16-21.

---

[106] P. Go, *La sexualidad en la predicación de Pío XII*: Concilium n. 100 (1974).
[107] Sobre o conjunto da doutrina magisterial sobre moral sexual: J. Hamer, *El magisterio y los fundamentos de la ética sexual*: "Scripta Theologica 12" (1980), p. 119-140; R. Greco, *Enseñanzas pontificias recientes*: "Concilium n. 193" (1984), p. 459-469; E. W. May, *The Vatican Declaration on Sexual Ethics and the Moral Methodology of Vatican Council II*: "Linacre Quarterly 52" (1985), p. 116-129.

– Carta Pastoral dos Bispos de Lombardia e Veneza (1974): Ecclesia 1725 (25 de janeiro de 1975), 25-29.
– Conferência Episcopal Tarraconense, *Perspectiva Cristã do Amor e da Sexualidade* (Madrid, 1975).
– Comissão Episcopal da Doutrina da Fé (Espanha), *Sobre alguns Aspectos Referentes à Sexualidade e sua Avaliação Moral*: Ecclesia 2303 (1987), 117-122.

Tem um tom positivo a Instrução da Congregação para a Educação Católica sobre as *Orientações Educativas sobre o Amor Humano* (1983)[108]. Mesmo que as avaliações morais concretas sobre os comportamentos sexuais assumam a doutrina da Declaração *Persona Humana*, contudo, o enquadramento dos temas é de caráter personalista, a orientação é marcadamente positiva e as propostas movem-se dentro de umas estratégias psicopedagógicas atuais[109].

Também tem de se recordar o documento do Pontifício Conselho para Família *Sexualidade Humana: Verdade e Significado. Orientações Educativas em Família* (1995). Nele, a sexualidade humana é considerada dentro do marco da família, com uma antropologia teológica de caráter positivo, porém, ao mesmo tempo, com uma orientação moral baseada em princípios claros e absolutos.

Dada a importância que teve para o desenvolvimento da moral sexual católica na etapa posterior ao Vaticano II, dedi-

---

[108] Pode-se encontrar a tradução castelhana em: *La familia, futuro de la humanidad* (Madrid, 1995), p. 367-410.
[109] Entre os comentários a este documento: D. TETTAMANZI, *La sessualità umana: prospettive antropologiche, etiche e pedagogiche*: "Medicina e Morale 34" (1984), p. 129-154; "Seminarium 24" (1984) n. 1-2: "Orientamenti educativi sull'amore umano".

co um parágrafo à Declaração da Congregação para a Doutrina da Fé *Persona Humana* (29/12/1975). Este documento supôs uma "variação" – para uns um "retrocesso" ou uma "involução", para outros, uma "reorientação" – no processo de renovação que se havia empreendido antes e, sobretudo, depois do Vaticano II no campo da moral sexual.

c. Declaração "Persona Humana" (CDF, 1975)

Está claro que a Declaração da Congregação para a Doutrina da Fé *Acerca de Certas Questões de Ética Sexual*[110] tem um marcado tom conservador e cominatório[111].

O documento conhece e descreve com exatidão e precisão as concepções mais progressistas na moral sexual católica do momento. Basta ler o resumo que faz das opiniões progressistas sobre os critérios para avaliar as ações morais (n. 4), sobre as relações pré-matrimoniais (n. 7), sobre a homossexualidade (n. 8), sobre a masturbação (n. 9) e sobre a noção de pecado mortal como ruptura da opção fundamental (n. 10).

---

[110] Pode encontrar-se a tradução castelhana em: *Ecclesia* n. 1.773 (17 de janeiro de 1976), p. 8-12.
[111] Entre os comentários à Declaração: Ph. Delhaye, *Sessualità. Prospettive umane e cristiane. Lettura della dichiarazione "Persona humana"* (Milán, 1976); Varios, *Algunas cuestiones de ética sexual. Comentarios a la declaración "Persona humana" de la Sagrada Congregación para la Doctrina de la Fe* (Madrid, 1976); J. M. Díaz Moreno, *La declaración "Persona Humana" sobre ética sexual*: "Razón y Fe" 194 (1976), p. 301-314; M. Vidal, *Comentario a la Declaración "Acerca de ciertas cuestiones de ética sexual"*: "Pentecostés 14" (1976), p. 85-102; M. Zalba, *Declaratio de quibusdam qaestionibus ad sexualem ethicam spectantibus*: Periodica 66" (1977), p. 73-115; I. Ercolini, *Valutazione dottrinale-pastorale della "Persona humana"* (Roma, 1982); G. Cottier, *Scritti di etica* (Casale Monferrato, 1994), p. 17-49.

A Declaração é apresentada abertamente como uma palavra de "alerta" diante dos costumes sexuais do mundo atual e como uma atuação de sério "refreamento" ao movimento de abertura de certas concepções da teologia moral diante do problema da sexualidade. A Congregação Romana constata que "tem sido aumentada a corrupção dos costumes, tendo na exaltação imoderada do sexo uma de suas maiores manifestações, tanto que com a difusão nos meios de comunicação social e dos espetáculos, essa corrupção chegou a invadir o campo da educação e a infectar a mentalidade das massas" (n. 1). Por outro lado, também constata que certos educadores, pedagogos e moralistas "propuseram condições e modos de comportamentos contrários às verdadeiras exigências morais do ser humano, chegando até favorecer um hedonismo licencioso" (n. 1).

Nos números 3-5, formula-se uma metodologia moral que mais tarde vai ser aplicada à análise dos problemas concretos. Nesse modelo moral, enfatizam-se o *objetivismo*; a existência de *princípios absolutos e imutáveis*; o caráter *dedutivo* a partir da ordem natural da Revelação. Afirma-se claramente que, neste campo, "estes princípios e estas normas não devem, de modo algum, sua origem a um tipo particular de cultura, mas sim ao conhecimento da lei divina e da natureza humana. Portanto, não podem ser considerados como caducos, nem postos em dúvida sob o pretexto de uma situação cultural nova" (n. 5).

Tal concepção da moral está bem de acordo com a tradição teológica católica dos últimos séculos e as orientações parecem descuidar de uma moral mais indutiva e que interpreta os critérios de discernimento moral de um modo mais personalista.

O conteúdo central da Declaração é constituído pelo juízo valorativo sobre três problemas sexuais: relações pré-matrimoniais (n. 7); homossexualidade (n. 8) e masturbação (n. 9).

O documento romano marcou previamente a pauta moral com a qual vai medir cada um desses problemas. Com uma visão predominantemente "biologicista" da sexualidade e com uma orientação acentuadamente "finalista" (ou "procriativista") do impulso sexual, assinala como critério principal da moralidade do sexual o seguinte: "o respeito à sua finalidade é o que assegura a honestidade a este ato" (n. 5). Por outro lado, este critério recebe outro matiz, o da vinculação ao matrimônio (a esse critério alguns chamaram de "jurídico"): "Este mesmo princípio (respeito da finalidade do ato sexual), que a Igreja deduz da Revelação e de sua interpretação autêntica da lei natural, funda também aquela doutrina tradicional, segundo a qual o uso da função sexual atinge seu verdadeiro sentido e retidão moral somente no matrimônio legítimo" (n. 5).

O juízo moral negativo sobre as *relações genitais pré-matrimoniais* (n. 7) tem seu apoio na afirmação taxativa de que, segundo a doutrina cristã, "deve-se manter no quadro do matrimônio todo ato genital humano". Justifica-se essa afirmação com citações de textos bíblicos (Mt 19,4-6; 1Cor 7,9; Ef 5,23-32) e com a constatação histórica de que "assim sempre o entendeu e ensinou a Igreja". Tanto as citações bíblicas como o recurso à história da Igreja precisariam de uma análise mais crítica que aquela feita pela Declaração. Dificilmente, pode-se assegurar com plena garantia crítica que a norma tão taxativamente formulada pertence à doutrina cristã.

De uma maneira pragmática, a Declaração alude a uma série de inconvenientes que comportam as relações pré-matrimoniais, inconvenientes que somente encontram solução adequada dentro do matrimônio. Alude-se à "insegurança" dessas relações: "Por firme que seja o propósito daqueles que se comprometem nestas relações prematuras, é indubitável que essas relações não garantem que a sinceridade e a fidelidade de uma relação interpessoal entre um homem e uma mulher fiquem asseguradas e, sobretudo, protegidas contra o vaivém e as veleidades das paixões". De outro lado, a relação sexual só pode realizar-se plenamente na estrutura estável do matrimônio. "As relações sexuais pré-matrimoniais excluem, na maioria das vezes, a prole, e aquilo que se apresenta como um amor conjugal não poderá realizar-se, como deveria indefectivelmente, num amor paternal e maternal, ou, se eventualmente se realiza, o fará em detrimento dos filhos, que se verão privados da convivência estável na qual possam desenvolver-se, como convém, e encontrar o caminho e os meios necessários para integrar-se na sociedade."

O tratamento que a Declaração dá à homossexualidade é suficientemente respeitoso e adequadamente matizado. É interessante observar como a maior parte do seu parágrafo oitavo dedica-se a sintetizar e transcrever a opinião progressista. Recolhe-se e até admite a distinção entre duas formas de homossexualidade. "Faz-se uma distinção, que não parece infundada, entre os homossexuais, cuja tendência provinda de uma educação falsa, da falta de uma evolução sexual normal, de hábito contraído, de maus exemplos e de outras causas análogas, é transitória ou, pelo menos, não incurável, e aqueles outros homossexuais que são irremediavelmente assim por causa de uma espécie de instinto inato ou de constituição patológica que se tem por incurável."

Para os sujeitos da segunda categoria, o documento pede compreensão e que sua culpabilidade seja julgada com prudência. "Indubitavelmente, essas pessoas homossexuais devem ser acolhidas, na ação pastoral, com compreensão e devem ser sustentadas na esperança de superar suas dificuldades pessoais e sua não inadaptação social. Também sua culpabilidade deve ser julgada com prudência." Isso não impede que a Declaração recorde que os atos homossexuais "estão privados de sua regra essencial e dispensável" e "são intrinsecamente desordenados".

O juízo moral sobre a *masturbação* (n. 9) é formulado em tom bastante duro e com matizes de gravidade que talvez o tema não exija. Recorda-se que "tanto o Magistério da Igreja, de acordo com uma tradição constante, como o sentido moral dos fiéis têm afirmado sem nenhuma dúvida que a masturbação é um ato intrínseca e gravemente desordenado". A razão desta avaliação tão grave é que falta a esse ato sua finalidade. "Falta-lhe, com efeito, a relação sexual requerida pela ordem moral; aquela relação que realiza o sentido íntegro da mútua entrega e da procriação humana no contexto de um amor verdadeiro."

Pode-se suspeitar que na redação deste juízo sobre a masturbação se julgou com uma "interpretação maximalista" dos dados bíblicos e com uma "interpretação minimalista" dos dados das ciências antropológicas (sociologia e psicologia). "Mesmo que não se possa assegurar que a Sagrada Escritura reprove este pecado sob uma denominação particular do mesmo, a tradição da Igreja entendeu, com justo motivo, que ele está condenado no Novo Testamento, quando aí se fala de 'impureza', de 'lascívia' ou outros vícios contrários à castidade e à continência."

O número dedicado ao tema do *pecado em matéria sexual* (n. 10) é um dos mais significativos. Nele põem-se de manifesto as duas tendências do documento. De um lado, a recomendação da misericórdia pastoral com o pecador, porém, de outro, a proclamação da doutrina mais rígida.

Ao se fazer a avaliação da gravidade moral do pecado sexual, o documento distingue os dois planos clássicos: o objetivo e o subjetivo. Com relação à culpabilidade subjetiva, a Declaração se manifesta bastante compreensiva. "É verdade que nas faltas de ordem sexual, vendo sua condição especial e suas causas, acontece mais facilmente que não se deem por um consentimento plenamente livre; isto convida a proceder com cautela em todo juízo sobre o grau de responsabilidade subjetiva das mesmas." Essa visão indulgente com o pecador contrasta com a rigidez da avaliação moral objetiva. "Recomendar essa prudência no juízo sobre a gravidade subjetiva de um ato pecaminoso particular não significa de modo algum sustentar que em matéria sexual não se cometem pecados mortais" (n. 10).

No que diz respeito à avaliação da *gravidade objetiva* do pecado em matéria sexual, a Declaração discute, em primeiro lugar, a teoria muito difundida entre os moralistas católicos atuais, segundo a qual o pecado mortal se dá no crente quando há uma ruptura da opção fundamental cristã. É interessante que esta teoria tenha sido recolhida, ainda que de um modo crítico, por um documento romano. Além do mais, mesmo que sua posição se incline para o negativo, não deixa de reconhecer o valor básico desta categoria. "Sem dúvida que a opção fundamental é a que define em último termo a condição moral de uma pessoa" (n. 10). Isto não impede que em continuidade se afirme que "uma opção fundamental pode ser mudada totalmente por atos particulares" e, consequentemente, que "não é verdade que atos singulares não são suficientes para constituir um pecado mortal" (n. 10).

Quanto à avaliação concreta da gravidade objetiva do pecado em matéria sexual, a Declaração volta a repetir o princípio da "não pequenez do sexto mandamento". Faz isso com uma formulação precisa e exata: "A ordem moral da sexualidade comporta para a vida humana valores tão elevados que toda violação direta desta ordem é objetivamente grave" (n. 10). Esta grave afirmação é justificada apelando-se à tradição cristã e à reta razão, "segundo a tradição cristã e a doutrina da Igreja e como a reconhece a reta razão" (n. 10). Em nota remete-se a alguns textos de São Paulo (1Cor 7,9; 5,1; 6,9; 7,2; 10,8; Ef 5,5; 1Tm 1,10; Hb 13,4; 1Cor 6,12-20), ao decreto do Santo Ofício de 18 de março de 1666 e à encíclica "Humanae Vitae".

d. Balanço do extenso magistério de João Paulo II sobre a moral sexual

Durante o pontificado de João Paulo II foi notável a grande produção magisterial em relação às questões morais. Nesse abundante magistério moral, devem-se destacar as referências à ética sexual[112]. Qual foi o caráter desse ensinamento?

Nos comentários e balanços sobre o pontificado de João Paulo II, generalizou-se esta chave interpretativa: o magistério do Papa foi "progressista" em moral social, porém "conservador" nas questões de bioética e de moral sexual. O que pensar dessa interpretação?

---

[112] Y. Semen, *La sexualidad según Juan Pablo II* (Bilbao, 2005).

A partir da compreensão cristã da pessoa, existem valores em bioética e em moral sexual que estão acima da dialética entre "progressismo" e "conservadorismo". São eles: a dignidade de toda pessoa, o valor inquestionável da vida humana, a dimensão de amor interpessoal na realização sexual, a necessidade de discernir as possibilidades de aplicação da ciência e da técnica biomédicas a partir do critério do bem pessoal e social, a inviolabilidade da constituição genética humana (genoma humano), o respeito à liberdade e à identidade individuais que excluem a possibilidade de uma clonagem humana reprodutiva etc. Sobre esses valores não se deve projetar a regra interpretativa de progressismo e de conservadorismo.

Contudo, além desses dois núcleos axiológicos básicos, o magistério pontifício contém afirmações mais concretas, sobre as quais a iluminação da fé não projeta uma luz tão nítida. É sobre estas doutrinas que nos cabe perguntar se abordam de forma "conservadora" ou com uma atitude "renovadora".

É forma conservadora: 1) Se o discernimento moral realiza-se com categorias, às vezes discutíveis e outras vezes superadas, da moral tradicional. 2) Se não dialoga suficientemente com os saberes humanos, dando lugar a uma doutrina moral pouco articulada com a racionalidade técnico-científica. 3) Se no caso de possível pluralismo de opiniões, opta-se sempre pela postura mais rígida. Ao contrário, dá-se atitude renovadora: 1) Quando se buscam categorias novas ou renovadas para discernir situações também novas. 2) Quando se mantém um diálogo fluido e fecundo com os saberes humanos, sem por isso perder a originalidade e a peculiaridade da visão cristã do homem e da história. 3) Quando se tende a posturas de benignidade histórica, sem rebaixar o ideal ético a ser atingido de forma gradual.

A história julgará a forma com a qual se apresentou a visão cristã sobre as questões de moral sexual durante o pontificado de João Paulo II. Somos muitos os que pensamos que nesse magistério pontifício foi utilizado um modelo que tem mais a ver com o passado que com o futuro. Trata-se, portanto, de um paradigma preferencialmente conservador.

Nos últimos anos do pontificado de João Paulo II, levantaram-se vozes qualificadas, como a do cardeal Martini, que pediam uma "reunião, ao mais alto nível eclesial", para tratar esses problemas. Nas Congregações de cardeais anteriores ao último Conclave, também surgiu a preocupação pela iluminação cristã desses âmbitos da existência humana.

Quais são os aspectos que requerem uma iluminação mais coerente e mais precisa? Não me refiro, evidentemente, aos valores básicos aludidos mais acima, mas às concretizações dessas orientações axiológicas gerais. Não querendo fazer um elenco longo, limito-me a assinalar três grupos de temas que, por sua importância objetiva e pela forma com que são abordados pela doutrina oficial católica, necessitam de uma clarificação:

– *Programa de prevenção da pandemia da AIDS.* A doutrina católica não pode deixar de expressar qual é o ideal da prevenção da Aids: comportamentos responsáveis e humanizantes. Contudo, persiste o interrogante sobre sua recusa diante dos meios preservativos na relação sexual. A partir da mesma moral tradicional e considerando a sabedoria humana, poderiam encontrar-se justificações que caminhem desde a aceitação de um "mal menor" até a articulação de programas preventivos realistas.

– *Realização pessoal e direitos sociais das pessoas homossexuais.* O "conflito" entre a doutrina católica e a compreensão da condição homossexual está pedindo melhor iluminação a partir da mensagem cristã do amor de Deus e da dignidade de toda pessoa. No âmbito público, tem de se reformular os critérios sobre o justo reconhecimento dos direitos sociais das pessoas homossexuais e, no âmbito privado – sobretudo para as pessoas homossexuais cristãs –, necessita-se de uma proposta coerente de realização pessoal.

– *Articulação do amor conjugal com a procriação responsável.* Assim, o Concílio Vaticano (GS 51) apresentou o problema. Conhecemos a história ulterior que passa pela encíclica *Humanae Vitae* e pelo magistério de João Paulo II (*Familiaris Consortio*). Os fatos estão pedindo uma nova iluminação, se não quisermos cair numa espécie de hipocrisia ou de esquizofrenia moral. Talvez possam ajudar nisso as categorias teológicas de "recepção" (Y. Congar) e de "sensus fidelium".

– 4 –

SITUAÇÃO PRESENTE E PERSPECTIVAS DE FUTURO

1. A reflexão teológico-moral depois de 1975

As opções teológico-morais se diversificam na hora de traduzir o significado antropológico e teológico da sexualidade em orientações axiológicas concretas. Não é fácil, nem tampouco necessário, fazer uma detalhada recensão da produção teológico-moral sobre a sexualidade nas últimas décadas. Haveria de se considerar os renovados Manuais de Teologia Moral, nos quais não falta um tratado sobre moral sexual[113]. Também teria de se considerar os artigos de revistas que incidiram sobre esta temática[114]. A isso teria de acrescentar os boletins bibliográficos dedicados à matéria[115].

---

[113] Sobre o pensamento de B. Häring, cf. J. Mª. Díaz Moreno, *Notas marginales sobre la teología moral en el pensamiento de Bernhard Häring*: "Estudios Eclesiásticos 74" (1999), p. 493-512.

[114] É de se recomendar a Bibliografia anual que aponta, com exatidão e com pontualidade, a revista *Moralia* (recolhida em CD, adquirível no Instituto Superior de Ciências Morais, Madrid). Também é recomendável a compilação de artigos sobre moral sexual feita por Ch. E. Curran – R. A. McCormick (eds), *Dialogue About Catholic Sexual Teaching*. "Readings in Moral Theology n. 8" (New York, 1993).

[115] São recomendáveis os seguintes boletins bibliográficos: B. Häring; *25 Jahre katholische Sexualethik*: "Studia Moralia 20" (1982) 29-65; L. S. Cahill, *Catholic Sexual Ethics and Dignity of the Person: a Double Message*: "Theological Studies 50" (1989) 120-150; R. Russo,

Fixar-me-ei nas publicações, nos livros e artigos, que tenham certa relevância em si mesmos e que supõem uma contribuição especial ao tema. Assinalo algumas mais representativas[116]. Para classificá-las, tomo como critério a atitude que adotam diante da normativa sexual da doutrina oficial. De fato, este referencial condiciona as opções:

— Existiram e existem opções teológicas que, situando-se no interior das normas concretas da moral oficial, procuram oferecer um discurso justificativo das mesmas[117].

— Em outro extremo, situam-se opções teológicas que buscam soluções coerentes com a fé cristã e em diálogo com a cultura atual, ainda que tais soluções se afastem da normativa concreta oficial[118].

— A maior parte dos teólogos moralistas católicos situa-se na opção intermediária, isto é, naquela que procura ar-

---

Sessualità e amore. Orientamenti della ricerca teologico-morale: Asprenas 38 (1991) 61-82; A. Fumagalli, *L'etica cristiana al volgere del Millennio*: "La Scuola Cattolica 128" (2000), p. 417-460.

[116] Além das mencionadas nas notas seguintes: Ph. S. Keane, *Sexual Morality: A Catholic Perspective* (New York, 1977); Ch. E. Gudorf, *Body, Sex, and Pleasure: Reconstructing Christian Sexual Ethics* (Cleveland, 1994); B. M. Guevin, *Christian Anthropology and Sexual Ethics* (Lanham, Maryland, 2002); J. S. Grabowski, *Sex and Virtue. An Introduction to Sexual Ethics* (Washington, 2003).

[117] Exemplos dessa postura: G. Concetti, *Sessualità, amore, procreazione* (Milán, 1990); G. Gatti, *Morale sessuale, educazione all'amore* (Turín, 1991); C. Cafarra, *Etica generale della sessualità* (Milán, 1992); I. Fucek, *La sessualità al servizio dell'amore* (Roma, 1993); R. Frattalone, *Amare la vita e vivere l'amore* (Leumann, 1995); Id., *Antropologia ed etica sessuale* (Messina, 2001).

[118] Exemplos desta postura: A. Kosnik y outros, *La sexualidad humana* (Madrid, 1978); A. Guindon, *The Sexual Language* (Ottawa, 1976); J. Snoeck, *Ensayo de ética sexual* (Bogotá, 1988); Ch. E. Curran, R. A. McCormick, *Readings in Moral Theology, n. 8. Dialogue About Catholic Sexual Teaching* (New York, 1993); B. Forcano, *New ética sexual* (Madrid, 1996).

ticular um projeto de ética sexual que, sem extrapolar os limites marcados pela doutrina oficial da Igreja, busca dialogar com as ciências humanas e com a cultura personalista de hoje[119]. Trata-se de uma opção de equilíbrio que, às vezes, torna-se difícil de compreender e, com frequência, conduz a afirmações de sentido encoberto e que para alguns, menos acostumados com a linguagem eclesiástica, parece uma atitude entre cínica e hipócrita.

2. Questões abertas

Sobre a formulação complexa da ética sexual cristã paira uma notável crise de credibilidade[120]. Veremos se a reflexão teológico-moral do próximo futuro será capaz de abordar e de solucionar as sérias interrogações que assinalo a seguir.

– *Identidade da Ética Sexual Cristã*. A teologia tem de realizar uma identificação crítica da genuína "tradição cristã" em matéria de ética sexual. A orientação do comportamento sexual dos cristãos está tão condicionada por

---

[119] Exemplos desta atitude: G. Durand, *Sexualité et foi. Synthèse de théologie morale* (Montreal, 1977); P. S. Keane, *Sexual Morality. A Catholic Perspective* (New York, 1977); P. Trevijano, *Madurez y sexualidad* (Salamanca, 1988); E. López Azpitarte, *Ética de la sexualidad y del matrimonio* (Madrid, 1992); Id., *Simbolismo de la sexualidad humana. Criterios para una ética sexual* (Santander, 2001); B. Fraling, *Sexualethik. Ein Versuch aus christlicher Sicht* (Paderborn, 1995); C. Zuccaro, *Morale sessuale* (Bolonia, 1997); J. Vico, *Liberación sexual y ética cristiana* (Madrid, 1999); Id., *Itinerario en la moral sexual*: J. F. Alarcos (ed.), "La moral como propuesta" (Madrid, 2004), p. 265-280; T. Mifsud, *Moral del Discernimiento. 3. Moral sexual* (Santiago de Chile, 2002⁵); J.-R. Flecha, *Moral de la sexualidad. La vida en el amor* (Salamanca, 2005).
[120] W. Romo, *Credibilidad de la enseñanza de la Iglesia sobre la sexualidad*: "Teología y Vida 45" (2004), p. 366-410.

correntes culturais históricas que é preciso um discernimento muito agudo para individualizar a especificidade cristã neste âmbito da vida. Em concreto, é necessário individualizar as "constantes" da tradição cristã, a fim de clarificar o conteúdo da cosmovisão cristã em relação com a sexualidade[121]. Por outro lado, cabe à reflexão teológico-moral descobrir os aspectos inovadores e alternativos que a sensibilidade cristã introduziu na compreensão e na vivência da sexualidade[122].

– *Diálogo com a Cultura Atual.* Urge instaurar um diálogo lúcido e fecundo entre os valores evangélicos da sexualidade e da cultura atual. Os critérios oferecidos pelo Concílio Vaticano II para entender e realizar o diálogo da Igreja com o mundo atual[123] têm de ser aplicados a este âmbito do diálogo entre Evangelho e cultura sexual atual. Também aqui se verifica a afirmação de que "da mesma maneira que interessa ao mundo (no caso, à cultura sexual atual) reconhecer a Igreja (no caso, a dos valores evangélicos) como realidade social e fermento da história, também a própria Igreja (no caso, da moral sexual cristã) sabe quanto tem recebido da história e da evolução da humanidade (no caso, da cultura sexual)"[124]. Tem de reconhecer que a doutrina católica oficial precisa de um diálogo mais profundo e coerente com a cultura

---

[121] Sobre a apelação para uma "doutrina constante" na tradição eclesial em matéria de ética sexual, ver: E. FERRASIN, *"Dottrina constante" della Chiesa sulla sessualità?*: "Salesianum 54" (1992), p. 123-150.
[122] M. A. HAYER, W. PORTER, D. TOMB (eds.), *Religion and Sexuality* (Sheffield, 1998).
[123] *Gaudium et spes*, n. 44.
[124] *Ibid.*, n. 44.

sexual atual[125]. A reflexão teológico-moral não pode deixar de considerar a "liberação" sexual que aconteceu no último meio século[126].

– *Pluralismo de "Paradigmas" de Ética Sexual.* Dentro da unidade convergente do único projeto cristão sobre a sexualidade, é necessário reconhecer a pluralidade de "paradigmas" no sentido da formulação de tal projeto[127].

– *Coerência "Epistemológica" e "Metodológica".* No que se refere à epistemologia da ética sexual cristã, é necessário analisar e solucionar duas questões: como articular um discurso de valores no interior dos dados científicos e culturais da sexualidade humana[128] e como explicar a significação propriamente religiosa da reflexão ética[129].

– *"Inculturação" da Ética Sexual.* O postulado geral da inculturação da moral cristã nas diversas áreas culturais deve verificar-se e chegar a ser realidade também no campo da ética sexual. Penso, de modo especial, na inculturação na

---

[125] Cf. J. A. Selling (ed.), *Embracing Sexuality. Authorithy and experience in the Catholic Church* (Leuven, 2001).

[126] E. Fuchs, *Bilan spirituel de la libération sexuelle. Lecture d'un théologien réformé*: "Revue d'éthique et de théologie morale n. 222" (2002), p. 13-20.

[127] Cf. K. T. McMahon, *Sexuality: Theological Voices* (Baintree, 1987); G. Manenschijn, *Sexual Morality, Worldview, and Social Change*: "B. Musschenga (ed.), Does Religion Matter Morality?" (Kampen, 1995), p. 59-88; P. B. Jung, J. A. Coray (eds.), *Sexual Diversity ant Catholicism*: "Toward the Development of Moral Theology" (Collegeville, 2001); J.-J. Boïldieu, *Interpréter la sexualité*: "Revue d'éthique et de théologie morale n. 222" (2002), p. 7-11.

[128] B. Fraling, *Wie konnte heute eine Sexualethik aussehen? Überlegungen zu einem Versuch*: "Ethica 3" (1995), p. 365-379.

[129] G. Manenschijn, *Sexual Morality, Worldview, and Social Change*: "B. Musschenga (ed.), Does Religion Matter Morality?" (Kampen, 1995), p. 59-88.

região asiática, no mundo africano¹³⁰ e no âmbito latino-americano¹³¹.
- *Incorporação do "Ponto de Vista Feminino".* Dentro do necessário processo de "feminização" da ética¹³², significa que a moral sexual deve assumir mais plenamente o ponto de vista feminino em suas concepções e em suas orientações¹³³.

---

[130] Cf. B. Bujo, *Sexualverhalten in Afrika und Naturrechtse*thik: "Theologie der Gegenwart 36" (1996), p. 209-218.
[131] Cf. J. Snoek, *Ensayo de ética sexual* (Bogotá, 1988); A. Moser, *Sexualidad*: "I. Ellacuría, J. Sobrino (eds.), Mysterium Liberationis, II" (Madrid).
[132] Cf. M. Vidal, *Feminismo y ética. Cómo "feminizar" la moral* (Madrid, 2000).
[133] Cf. L. Cahill, *Between the Sexes* (New York, 1985); Id., *Women and Sexuality* (New York, 1992); Id., *Sex, Gender and Christian Ethics* (New York, 1996).

– 5 –

PARA UMA SISTEMATIZAÇÃO DO TEMA

A crise pela qual atravessa a chamada "moral sexual cristã" é tão ampla em setores (de idade, de cultura, de estado: solteirismo, celibato, matrimônio etc.) e tão profunda em significado (comportamentos individuais, relações interpessoais, convivências afetivas, vinculações jurídicas, cosmovisões religiosas etc.), que está pedindo uma profunda reformulação. Sobre a complexa formulação da ética sexual cristã paira uma notável crise de credibilidade. Pode-se pensar que em nenhum terreno da vida humana exista tanta discrepância (pelo menos teórica) entre magistério eclesiástico e crentes (não dizemos nada dos não crentes)[134].

Para iluminar e, na medida do possível, solucionar esta situação crítica é necessário o que, numa linguagem mais técnica, chamaríamos de "de-construção" e uma nova "re-construção" da proposta ética cristã. Para chegar a bom termo essa dupla função hermenêutica, é imprescindível conhecer o conteúdo exato do adjetivo "cristã" quando aplicado à moral sexual. O que tem de "cristã" a chamada moral sexual cristã?

---

[134] W. Romo, *Credibilidad de la enseñanza de la Iglesia sobre la sexualidad*: "Teología y Vida 45" (2004), p. 366-410.

Ofereço a seguir um conjunto de perspectivas que pretendem analisar o significado do termo "cristão" quando se articula com a dimensão axiológica e normativa da práxis sexual humana. O que o cristianismo oferece na ordem do valoroso ou axiológico (*valores*) e na dimensão do normativo ou exigente (*normas*), ambos os aspectos referindo-se à realidade da sexualidade humana?

Advirto que as aproximações que apresento: 1) A partir do ponto de vista metodológico, têm uma função tanto "deconstrutivista" como "construtivista", isto é, servem indistintamente para submeter à crítica a moral construída no interior do cristianismo e para "reconstruir" uma nova forma de proposta neste campo do humano. 2) Do ponto de vista do conteúdo, as aproximações não são mais que *enunciados* de afirmações que precisam de um desenvolvimento mais amplo e matizado que aqui não se explicita, mesmo sabendo que existe.

1. A função hermenêutica de um "construto teórico"

Aceitando todos os matizes que precisem esta afirmação, no atual estágio da reflexão teológico-moral, é difícil não deixar de reconhecer a validez da chave hermenêutica que distingue em toda proposta ética, também a cristã, a dupla dimensão do "transcendental" e do "categorial". "Distinguir" dimensões (de uma mesma realidade) não é o mesmo que "separar" realidades autônomas. Numa única e mesma afirmação moral cristã coexistem e mutuamente funcionam:

- A dimensão *transcendental*, isto é, a cosmovisão (e a intencionalidade básica do sujeito) em que uma realidade (em nosso caso, uma práxis sexual) é compreendida e é vivida.
- A dimensão *categorial*, isto é, a concreção axiológica e normativa que orienta o comportamento humano (no caso, um comportamento sexual), que por necessidade tem de ser histórico-cultural e biográfico.

Todo intento de "de-construir" e de "re-construir" a dimensão cristã na moral sexual utiliza essa ferramenta hermenêutica. Serve para descobrir e conhecer o "genuinamente cristão" de uma afirmação moral no âmbito da sexualidade e aquilo que depende de uma determinada inculturação histórico-cultural (e biográfica). Assim, por exemplo, é normal que determinadas afirmações da tradição teológico-moral cristã tenham formulações categoriais que dependem de "desconhecimentos" ou de "erros" científicos sobre a sexualidade humana. A história da moral sexual cristã traz muitos dados nesse sentido, pelo fato de não existir até séculos recentes uma "ciência" da sexualidade.

2. A cosmovisão cristã da sexualidade

Em linguagem axiomática, costuma-se dizer que não se pode "fazer ética" cristã se previamente não se "faz teologia" cristã. É o mesmo que afirmar a necessária articulação entre *cosmovisão cristã* e *normativa moral cristã*. Esta orientação epistemológica não pode ser esquecida ao se pretender entender o significado do termo "cristão" na moral sexual.

Já há alguns anos vêm propondo-se análises e sistematizações sobre a relação entre religião e sexualidade, e isso não somente na vertente dos fatos, mas também num intento de correlação teórica[135]. Não faltam tampouco análises e sistematizações daquilo que se convencionou chamar "*teologia da sexualidade*"[136]. O objetivo desta teologia é oferecer uma visão crítica e razoável da cosmovisão cristã sobre a sexualidade humana.

Essa cosmovisão cristã assume os dados bíblicos[137], entre os quais se deve sublinhar:

– A visão criatural (e consequentemente positiva) da sexualidade.

– O caráter relacional (etiologicamente exposto no relato do casal inaugural) e de diálogo inter-humano (poeticamente cantado no livro do "Cântico dos Cânticos") da pulsão erótica e do afeto agápico.

– A capacidade de expressar e de realizar o sentido religioso da "aliança" em sua forma esponsal.

– A função de sinal escatológico da presença do Reino de toda vivência plena da sexualidade, sobretudo na forma celibatária "pelo Reino".

Esses dados bíblicos são assumidos e enriquecidos pela Tradição eclesial e pelas distintas tradições teológicas e espirituais.

---

[135] J. B. Nelson, S. P. Longfellows (eds.), *La Sexualidad y lo Sagrado* (Bilbao, 1996).
[136] G. Mora, *La sexualidad desde la antropología teológica*: "Iglesia Viva n. 174" (1994), p. 565-577.
[137] A. M. Dubarle, *Amor y fecundidad en la Biblia* (Madrid, 1970); Biblia y Fe 18 (1992), p. 5-135: "La sexualidad. Aproximación bíblica"; P. Debergé, *L'amour et la sexualité dans la Bible* (Toulouse, 2001); Varios, *Eros e Bibbia* (Brescia, 2003).

A este momento da gênese da cosmovisão cristã correspondem, entre outros aspectos, as duas orientações seguintes:

– O caráter sacramental do amor esponsal, transformando a pulsão erótica e o afeto agápico em encontro fecundo "no Senhor" e em forma de vida eclesial.

– A proposta explícita da virgindade consagrada como outra forma de vida cristã, em conexão harmônica e complementar com o matrimônio, com a viuvez e o solteirismo.

De acordo com as exigências da epistemologia teológica, cabe ao magistério da Igreja oferecer a interpretação autêntica dos dados bíblicos e tradicionais, no caso de necessidade dessa orientação, e sem que isso suponha acrescentar "novos" conteúdos aos transmitidos pelos cursos normais da revelação cristã segundo formulação do Vaticano II (cf. DV, 8)[138].

Em uma síntese breve pode-se explicitar, agora teologicamente, a cosmovisão da sexualidade humana num conjunto de orientações, que constituiriam os "pontos firmes" da visão cristã sobre a sexualidade[139]. Faço-o situando a sexualidade humana no campo originante de significações cristãs que vem constituído pelas referências básicas de Deus Pai, da Comunhão Trinitária de Amor, da Encarnação do Verbo em Jesus, o Filho, da presença do Reino na Igreja, da Dimensão Escatológica da História Humana.

---

[138] J. HAMER, *El magisterio y los fundamentos de la ética sexual*: "Scripta Theologica 12" (1980), p. 119-140; Y. SEMEN, *La sexualidad según Juan Pablo II* (Bilbao, 2005).
[139] E. FERRASIN, *"Dottrina costante" della Chiesa sulla sessualità?*: "Salesianum 54" (1992), p. 123-150; A. GUINDON, *L'éthique sexuelle qu'en Église je professe*: "Église et Théologie 24" (1993), p. 5-23.

*a. No horizonte significativo da confissão de fé em
Deus Pai, "Criador do Céu e da Terra"*

À luz dessa verdade, surge uma peculiar antropologia da sexualidade. Frente às concepções tabuísticas e frente às falsas sacralizações, de ontem e de hoje, a sexualidade é uma realidade criada. Enquanto criada, não é predicado da divindade; Deus não é um ser sexuado: nem masculino nem feminino; nem pai nem mãe; nem esposo nem esposa; deve-se cuidar para que estas formas de expressar a transcendência não "reifiquem" a divindade a partir da "diferença" sexual.

Contra os docetistas e gnósticos de ontem e os encratistas e jansenistas de sempre, a sexualidade, por ser criada, é uma realidade boa, um fator integral da pessoa, fazendo unidade com ela (frente a toda compreensão dualista).

Nessa condição ou verdade criatural, apoia-se a dimensão axiológica ou ética de toda práxis sexual. O critério moral ("ethos") é inerente à mesma realidade ("verdade") da sexualidade. A dimensão moral consiste em converter em "tarefa" o "ser" da sexualidade: integrar a sexualidade na unidade integral da pessoa (a repetição do campo linguístico e semântico de "integração" pretende enfatizar a força deste único e grande critério orientador do ethos da sexualidade).

b. O Paradigma da comunhão trinitária de Amor

Como todas as realidades humanas, também a sexualidade está em relação com a realidade fontal da Comunhão Trinitária. Esta relação não é somente de caráter metafórico, no sentido de a sexualidade servir de sinal para expressar o que é o mistério trinitário enquanto comunhão de pessoas, mas também tem um caráter constitutivo; a sexualidade é uma das *pegadas trinitárias*, em cuja busca e decifração Santo Agostinho pôs tanto interesse. Foi um grande teólogo de nosso tempo, Karl Barth, que deu mais ênfase na significação trinitária da sexualidade humana[140].

A luz que projeta a afirmação precedente é o que levou os cristãos de todas as épocas a opor-se à compreensão puramente hedonista da sexualidade. Essa mesma ajuda a discernir o bom do mal da atual "revolução sexual". A partir do enraizamento na realidade trinitária, a cosmovisão cristã põe em relevo a sexualidade humana:

- A indissolubilidade do caráter ou selo pessoal e do caráter ou selo relacional do encontro sexual humano. Frente a antropologias sexuais de um individualismo fechado (a que são inclinadas as sociedades ocidentais), afirma-se a necessária dimensão de comunicação ou de relação. Por outro lado, ante as formas demasiado abertas ou tribais de compreender e de viver a sexualidade, a cosmovisão cristã apoia o indeclinável valor da pessoa como sujeito autônomo e não instrumentalizável.
- Por conseguinte, a abertura ao outro como um "tu" e a constituição de uma "comunhão" de pessoas são um critério, também decisivo, de qualquer projeto ético em relação com a sexualidade humana.

---

[140] K. BARTH, *Kirchliche Dogmatik* (Zurich, 1945-1951), II/1, 197-377; III/2, 242-291; III/4, p. 127-269.

c. O "Paradoxo" do Verbo feito Carne

O máximo "paradoxo" cristão é a afirmação da "Palavra" (expressão do "espiritualismo", de caráter platônico ou de qualquer outra orientação) feita "carne" (expressão do "materialismo", em suas variadas formulações históricas). A cosmovisão cristã da sexualidade tem de articular antropologia com cristologia. Também para a sexualidade é válida a afirmação do Concílio Vaticano II: "Realmente, o mistério do homem somente se esclarece no mistério do Verbo Encarnado" (GS, 22). Desse Verbo Encarnado diz-se no mesmo número de GS: "Trabalhou com mãos de homem, pensou com inteligência de homem, operou com vontade de homem, amou com coração de homem".

Colocar a sexualidade no âmbito referencial da cristologia supõe redimensionar os significados da sexualidade humana. Duas orientações sobressaem, entre muitas outras.

A primeira tem a ver com a articulação de "eros" e "ágape". O significado da sexualidade é muito rico, vai desde força biológica ("sexus") até a plenitude religiosa do "encontro amoroso" com Deus na experiência mística, passando pela pulsão sexual ("eros"), o afeto relacional ("filia") e o encontro estável de vidas complementares ("ágape"). Com frequência esta ampla gama de significados fica reduzida a dois momentos, o do "eros" e o do "ágape", agrupando-se cada um deles aos outros significados mais próximos. A incidência da cristologia na compreensão cristã da sexualidade orienta esta para uma articulação harmônica e complementar de todos os momentos indicados. O Concílio Vaticano II deduziu as implicações correspondentes para o amor conjugal. Com grande audácia e com não menor novidade, redigiu um número com o título de "O amor conjugal" e afirmou que "são, portanto, honestos e dignos os atos pelos quais os esposos se unem em intimidade e pureza; realizados de modo autenticamente humano, exprimem e alimentam a mútua entrega pela qual se enriquecem um ao outro na alegria e gratidão" (GS, 49). O Papa Bento XVI dedicou sua primeira encíclica, "Deus Caritas Est", para explicitar o significado do amor cristão. Nela, pôs em relevo que a plenitude desse amor supõe a articulação do eros e do ágape. Tem caminho aberto para seguir refletindo sobre a articulação desses dois momentos não somente no amor esponsal, mas em todas as restantes formas de amor.

A referência cristológica introduz outra significação básica na compreensão cristã da sexualidade. É o significado do "dom". Frente a toda utilização egoísta, antiga e moderna, da sexualidade, a cosmovisão cristã postula a orientação ética do dom. Também neste âmbito da práxis humana, rege o princípio básico da "primazia do amor". O amor, entendido como um saber "dar" e um saber "receber", é a chave de uma práxis sexual articulada na confissão de fé em um Cristo "que se entrega". Daí que a vivência cristã do afeto sexual tenha uma relação estreita com a "entrega" e com a "doação" realizadas na celebração eucarística[141].

d. No tempo da Igreja

Vivida e organizada no tempo presente, a sexualidade humana tem, para o cristão, três orientações que implicam uma carga ao mesmo tempo antropológica e axiológica.

---

[141] Ver a maravilhosa exposição que sobre a relação entre afetividade sexual e Eucaristia faz T. Radcliffe, *Affectivité et Eucharistie*: "La Documentation Catholique 102" (2005), p. 38-46.

– *A necessária institucionalização*. A partir da própria antropologia, descobre-se a necessidade de institucionalizar a sexualidade humana, dado que não é somente um bem individual, mas também uma realidade com dimensão social[142]. Ante a profunda "crise" das instituições sexuais atuais (por exemplo, a instituição do matrimônio heterossexual) e ante a aparição de "novas" instituições (por exemplo, as convivências homossexuais com a modalidade de matrimônio ou com outras formas jurídico-sociais), cabe à comissão cristã manejar com fidelidade e, ao mesmo tempo, com criatividade o critério de institucionalização que é inerente à realidade humana da sexualidade.

– *As formas eclesiais de vivência e a organização da sexualidade humana*. A dimensão de institucionalização da sexualidade culmina, para o crente, na "eclesialização". Na interpretação de alguns exegetas, Paulo pensou as diversas formas de instituição sexual como "carismas" eclesiais[143]. Entre essas formas, a tradição eclesial explicitou e desenvolveu o matrimônio, a virgindade consagrada, o solteirismo, a viuvez. Frente à apreciação histórica em que se ressaltou uma forma eclesial em detrimento das outras, hoje, busca-se destacar a harmonia e a complementaridade entre elas. A relação mútua, diríamos dialética, entre o matrimônio e a virgindade é um ponto de vista bem tradicional[144], que foi redescoberto recen-

---

[142] M. VIDAL, *Institución del matrimonio: perspectivas éticas*: "Moralia 2" (1980), p. 20-31.
[143] X. LEÓN-DUFOUR, *Mariage et continence*: VARIOS, *À la rencontre de Dieu* (Le Puy, 1961), p. 319-329.
[144] Cf. CLEMENTE DE ALEJANDRÍA, *Stromata*, 1, III, 12: PG, 8, 1190.

temente[145]. A partir desta orientação, deve-se pedir um imaginário eclesiológico e umas instituições eclesiásticas que assumam o pluralismo de formas ou carismas na realização da sexualidade no interior da comunidade cristã. Às vezes, no imaginário exagera-se o tom "nupcial", e na realidade eclesial concreta predomina o poder que emana de uma concepção excessivamente "celibatária".

– *A dimensão escatológica*. Por pertencer ao tempo da Igreja, sacramento da presença do Reino de Deus, toda realidade humana traz consigo uma carga escatológica. Também a sexualidade, segundo a cosmovisão cristã, possui esse dinamismo, que não pertence exclusivamente à virgindade consagrada, mas que corresponde a todas as formas eclesiais de vivenciar e de realizar a sexualidade na comunidade eclesial. A carga escatológica opera no modo de sinal, porém de um sinal que realiza aquilo que significa. Em concreto, a dimensão escatológica da sexualidade se realiza à medida que torna mais presente o Reino de Deus, despertando afeto, produzindo justiça, criando caridade comprometida. Esta é a fecundidade "em sentido ampliado" que tem a sexualidade vivida em cosmovisão cristã. Na exortação *Familiaris Consortio* (n. 14), aplica-se ao amor familiar esse conceito ampliado de fecundidade, categoria que é verificável nas demais formas eclesiais de viver a sexualidade.

---

[145] *Familiaris Consortio*, n. 16. Cf. M. THURIAN, *Matrimonio y celibato* (Zaragoza, 1966).

Em tudo o que foi dito, evidencia-se a notável riqueza de significados que oferece a cosmovisão cristã para a compreensão e para a vivência da sexualidade. Deve-se advertir que tal cosmovisão não invalida os genuínos discursos antropológicos sobre esta dimensão importante da condição humana. Pelo contrário, postula-os, uma vez que as referências teológicas sem dados antropológicos correriam o risco de cair no voluntarismo, no irracionalismo ou no fundamentalismo. Além disso, suspeita-se que as orientações que acabam de ser explicitadas a partir da cosmovisão cristã têm sua justificação racional, seu complemento histórico-cultural e sua chance de realização nas afirmações que a antropologia sexual atual oferece.

3. Da "cosmovisão" ao paradigma ético

É normal que de uma cosmovisão determinada surja um ethos particular, no sentido e na forma que foram mencionados no parágrafo primeiro sobre a articulação entre "o transcendental" (a cosmovisão) e "o categorial" (a normatividade concreta).

Na busca de novos códigos morais para o comportamento sexual, o cristianismo tem uma palavra importante a dizer. Essa importância se deduz tanto das fontes de onde procede o Evangelho como da sabedoria acumulada na longa e densa tradição cristã. Por outro lado, os cristãos continuam sendo muitos e tendo grande incidência na sociedade do presente. Eles também têm de ter incidência na configuração dos novos códigos morais de sexualidade.

A reflexão, oferecida nesse parágrafo, sobre a normatividade moral do comportamento sexual, não tem por objeto as normas concretas, mas a configuração de um paradigma ético no qual aquelas estejam enquadradas e encontrem sentido. O discurso se desprende em três momentos: recordação histórica, constatação atual, busca do núcleo axiológico do paradigma, proposta de um paradigma renovado. Cada um dos aspectos enunciados poderia dar lugar a um amplo desenvolvimento temático, aqui se sintetiza ao máximo a exposição.

a. Os paradigmas de ética sexual na tradição cristã

Conforme indicado, não é momento de fazer um desenvolvimento pormenorizado nem da prática nem da teoria dos cristãos sobre a sexualidade. Pretende-se unicamente assinalar aqueles paradigmas morais mais destacados com os quais os cristãos inculturaram a mensagem do Evangelho na vida sexual. De fato, a moral cristã histórica, nascida do impulso da fé, foi-se formando com elementos do mundo cultural judaico, helenista (Greco-romano), ocidental (em suas variadas manifestações e em seus diversos momentos históricos). Nessa longa e complexa história de inculturação podem ser individualizados três grandes paradigmas.

- *Paradigma da "Razão Ascética"* (época patrística). Este paradigma ascético serve-se de duas correntes de pensamento antropológico e moral: o estoicismo e o platonismo. Tem como resultado um código moral de virtude (castidade) frente aos "vícios" dos pagãos; de "restrição" sexual, mesmo na vida matrimonial, e de "procriação", como justificação geral da vida sexual.

– *Paradigma da "Razão Natural"* (Idade Média e época Pós-tridentina). Através de Santo Alberto Magno e de Santo Tomás de Aquino, assume-se a antropologia aristotélica e considera-se a sexualidade como uma faculdade natural e com uma teleologia. Os códigos morais do comportamento sexual se organizam em torno de um uso "moderado" (isto é, virtuoso), que respeite a "ordem natural" e "teleológica" (a finalidade procriadora) da sexualidade. Este paradigma se desenvolveu na época da moral casuísta e pós-tridentina em tendências gerais para o rigorismo (manifestado, por exemplo, no axioma da "não escassez de matéria" no sexto e nono mandamentos) e para uma casuística mais desenvolvida em análise e concreção.

– *Paradigma da "Razão Pessoal"*. A partir da renovação do Concílio Vaticano II, situa-se a "pessoa" como lugar adequado da compreensão e da realização da vida sexual. O paradigma personalista, que se coloca à sombra de Kant e da cultura personalista moderna, dá relevância aos valores do "eu", da "relação com o tu" e do "nós". A sexualidade é vista mais no reino da "liberdade" que no reino da "natureza"; é considerada mais em chave positiva que numa compreensão antropológica pessimista e de uma moral ascética e abstencionista.

b. O "Conflito de Paradigmas" na situação presente

A comunidade cristã (concretamente, a católica) vive atualmente numa situação de dificuldade em relação aos códigos morais da sexualidade. Esse mal-estar traduz-se em três constatações: 1) Existe um conflito de paradigmas, tanto na teologia como na pastoral: alguns retornam aos paradigmas da "razão ascética" e da "razão natural", enquanto outros situam-se nos extremos do paradigma da "razão pessoal". 2) Há uma reserva generalizada diante dos códigos morais "oficiais". 3) Falta consenso na fundamentação e nos critérios concretos da vida sexual a partir da perspectiva do Evangelho.

c. Recuperação do "Núcleo Axiológico" de inspiração evangélica

Para sair de uma situação de "crise", sobretudo quando a mesma está agravada por um "conflito de paradigmas", a sabedoria indica um caminho: retornar às "fontes" para recuperar "o essencial".

Há estudos recentes sobre a orientação que nos oferece o Novo Testamento em relação às práticas da sexualidade humana[146]. Os resultados destes estudos orientam para buscar o "núcleo axiológico" da proposta moral de inspiração cristã em alguns "códigos" nucleares e em algumas "orientações" geradoras de estimativas e de preferências concretas.

É difícil deduzir dos ensinamentos do Jesus histórico um sistema ético, nos moldes dos configurados pelos filósofos gregos e romanos. Consequentemente, não se pode falar de um

---

[146] L. W. COUNTRYMAN, *Dirt, Greed and Sex. Sexual Ethics in the New Testament and their Implications for Today* (Philadelphia, 1988); L. SCHOTTROFF, *Sexualität im Johannesevangelium*: "Evangelische Theologie 57" (1977, p. 437-449; R. F. COLLINS, *Sexual Ethics and the New Testament. Behavior and Belief* (New York, 2000).

sistema jesuânico sobre a moral. Contudo, os códigos axiológicos fundamentais vinculados à presença do Reino, tal como foi pregado por Jesus, podem ser aplicados à realidade sexual. As práxis sexuais dos crentes, se quiserem entrar na dinâmica do Reino, têm de organizar-se de acordo com alguns códigos que expressem a "alternativa ética" do Evangelho. Ressalto três códigos fundamentais relacionados com a proximidade do Reino proclamado por Jesus:

– *O código (de vida) do "dom" frente ao código (de morte) da "possessão"*. Um código de aplicação ampla na época de Jesus, quando a sexualidade era entendida e praticada, em amplos setores sociais, como uma manifestação de "possessão" (de domínio hierárquico, de dependência de "gênero", de relação assimétrica).

– *O código (de vida) da "interioridade" frente ao código (de morte) da "pureza" externa*. A interioridade para um semita é o "coração" (em hebraico: leb; grego bíblico: kardia), em que acontece o bem e o mal (cf. Mc 7). Ao contrário, as categorias do "puro" e do "impuro" pertencem a uma compreensão tabuística (pureza tabuística), sacral (pureza ritual) ou puramente social (pureza legal) da realidade.

– *O código (de vida) da "autonomia pessoal" frente ao código (de morte) da "honra" (ou "desonra")*. Em culturas antigas e em traços "regressivos" das culturas atuais, tem sido e é normal regular as práxis sexuais (sobretudo da mulher e das pessoas "dependentes" de outras) pelo código da honra, segundo o qual o mais importante é aquilo que afeta o bem do "senhor", do "clã" ou do "grupo". A presença efetiva do Reino proclamado por Jesus coincide com a recuperação do indivíduo enquanto "sujeito" e enquanto possuidor de "autonomia pessoal".

Daquilo que foi refletido acima, segue uma orientação geral: o desejo de sair da "crise" indo para o "centro". Ao invés de tentar superar a crise utilizando o mecanismo psicológico de "fuga para frente", neste caso, mediante a tentação de "já que não querem normas, aumentemos as normas", prefere-se atingir o objetivo mediante a redescoberta da "inspiração nuclear", o Evangelho, adaptando-a à situação atual.

4. Desafios ao discurso teológico-moral do futuro

Neste último parágrafo, aponto algumas exigências para fazer uma proposta concreta da moral sexual cristã para o momento atual. Refiro-me àqueles desafios que deveriam atrair prioritariamente a reflexão teológico-moral do presente e do futuro. Tais desafios serão melhor resolvidos partindo-se do núcleo axiológico do Evangelho, assumindo-se o que os paradigmas históricos têm de melhor (integrando a "natureza" à "liberdade", o "prazer" e o "senhorio pessoal", o respeito interpessoal e a dimensão comunitária) e desenvolvendo uma sensibilidade crítica diante da nova cultura da sexualidade.

São muitos os desafios que se apresentam à reflexão teológico-moral do presente. É justo assumir o "ponto de vista feminino" para delinear a ética sexual em seu conjunto e em determinados pontos concretos. Dentro do necessário processo de "feminização" da ética, cabe à moral sexual assumir mais plenamente o ponto de vista feminino em suas considerações e em suas orientações. Também pertence à equidade do discurso teológico-moral responder adequadamente ao desafio da "inculturação" da ética sexual. Penso de modo especial, na inculturação na região asiática, no mundo africano e no âmbito latino-americano.

Quero sublinhar, de forma mais expressa, a necessidade de se reformular o sistema normativo da ética sexual cristã. Há alguns anos este foi um dos temas mais debatidos no tratado da moral sexual[147]. Creio que sua solução tem de ser orientada mediante duas opções metodológicas:

– *Opção por um paradigma de valores "fortes"*. A sexualidade, como qualquer outra dimensão da condição humana, demanda um horizonte de sentido no qual situar as práticas do amor humano. A cultura recente e atual, sobretudo nas sociedades ocidentais, introduziu um corte no modelo explicativo da sexualidade humana. Essa variação cultural tem sido caracterizada como um processo de "revolução sexual"[148]. Tem-se de reconhecer que tal revolução teve uma função mais "deconstrutiva" que "construtiva"[149]. Hoje, encontramo-nos, todavia, num

---

[147] B. HÄRING, *Sessualità*: "Dizionario enciclopedico di Teologia Morale" (Roma, 1973²), p. 930-932; F. BÖCKLE, *Iglesia y sexualidad: Posibilidad de una moral sexual dinámica*: "Concilium n. 100" (1974).

[148] Muito se escreveu sobre a gênese, o processo, o significado e os resultados da "revolução sexual". Aponto duas referências a partir da perspectiva teológica: "Concilium n. 193" (1984): "Sexualidad, Religión y Sociedad"; J. DOMINAN, *Hacer el amor. El significado de la relación sexual* (Santander, 2002).

[149] P. BELDERRAIN, *El amor entre el caos y la llamada*: "VARIOS, Celibato por el reino: carisma y profecía" (Madrid, 2003), p. 19-46.

mundo afetivo "desfocado"[150], numa configuração social do amor caracterizada pelo "caos"[151], numa cultura sexual fragmentária ou de "quebra-cabeças"[152], o amor humano tem a estrutura da pós-modernidade e se converteu num "amor líquido"[153] e num amor raivosamente "individualizado"[154].

Obviamente, a reconstrução do sentido para a sexualidade humana tem de vir dos conhecimentos antropológicos. Porém, não pode ser descartada a contribuição teológica. Antes de falar de "ética" (cristã) da sexualidade, é preciso formular uma "teologia" (cristã) da sexualidade. A partir de diversas instâncias, pede-se a construção de uma "erótica cristã", na qual se ofereçam os significados da cosmovisão cristã em relação à sexualidade humana[155].

Dentre as orientações que surgem da cosmovisão cristã a respeito da sexualidade, sobressai, como princípio fontal e organizador, o seguinte: a vida sexual, também a do crente, tem de se orientar pelo critério de "humanização". Libertada das travas míticas e tabuísticas, a sexualidade tende a assumir uma configuração humana e humanizadora. A sexualidade é uma "realidade terrena", mesmo que, ao inserir-se no dinamismo da fé, converta-se também em "âmbito de salvação".O teólogo E. Shillebeeckx utilizou esse esquema para interpretar

---

[150] A. GIDDENS, *Un mundo desbocado* (Madrid, 2000).
[151] U. BECK, E. BECK-GERNSHEIM, *El normal caos del amor* (Barcelona, 2001).
[152] J. A. MARINA, *El rompecabezas de la sexualidad* (Barcelona, 2002).
[153] Z. BAUMAN, *Amor líquido. Sobre a fragilidade dos laços humanos* (Jorge Zahar Editor, 2007).
[154] U. BECK, E. BECK-GERNSHEIM, *La individualización. El individualismo institucionalizado y sus consecuencias sociales y políticas* (Barcelona, 2003).
[155] Cf. L. RENNA, *La teologia morale occidentale e la risposta alla domanda di senso sull'eros:* "Rivista di Scienze Religiose 18" (2004), p. 255-316.

a função da cosmovisão bíblica e da tradição cristã em relação ao matrimônio[156].

Este princípio de "humanização" vale para todo o conjunto da vida sexual. Tanto para a Bíblia como para a Teologia, "trata-se de humanizar o sexual não como um meio de satisfação privada, nem como uma espécie de entorpecente ao alcance de todos, mas como um convite ao ser humano para que saia de si mesmo. A realização do sexual não adquire um valor ético quando se faz 'conforme a natureza', mas quando ocorre conforme à responsabilidade que tem o ser humano, ante à comunidade humana e ante o futuro humano"[157].

– *Opção por uma metodologia diversificada.* Observa-se que existe uma metodologia diversa na apresentação oficial da doutrina social e na da doutrina sexual. Enquanto na moral social parte-se das realidades mais gerais para depois descer às mais concretas (sem dar normas concretas àquilo que pertence ao caso singular e conjuntural), na ética sexual parte-se, pelo contrário, do concreto, e se dão normas detalhadíssimas sobre o caso singular. Pede-se que a metodologia empregada na ética sexual seja análoga àquela usada na doutrina social da Igreja[158]. Em concreto, que a proposta sexual distinga três níveis, como na doutrina social da Igreja (Catecismo, n. 2423):

• Propor "princípios de reflexões".
• Formular "critérios de juízo".
• Oferecer "orientações para a ação".

---

[156] E. Schillebeeckx, *El matrimonio, realidad terrena y misterio de Salvación* (Salamanca 1970²).
[157] J. Ratzinger, *Hacia una teología del matrimonio*: "Selecciones de Teología 9" (1970), p. 243.
[158] Cf. Ch. E. Curran, *Official Catholic Social and Sexual Teaching. A Methodological Comparison*: "Tensions in Moral Theology" (Notre Dame, 1988), p. 87-109; Y. Calvez, *Morale sociale et morale sexuelle*: "Etudes 378" (1993), p. 641-650.

Apesar da clareza e da contundência na exposição da doutrina oficial da Igreja sobre a moralidade dos comportamentos no âmbito da sexualidade, a crise da moral sexual não desapareceu na comunidade católica nem na reflexão teológico-moral. A falta de aceitação e de credibilidade da normativa sexual cristã é um dado sociológico patente.[159] A reflexão teológica continua realizando uma séria e profunda reformulação na compreensão do significado da sexualidade humana. Utiliza as diferentes hermenêuticas do fenômeno sexual (hermenêutica psicológica, dialógica, fenomenológica, social etc.) e procura integrar seus resultados na cosmovisão cristã. Este trabalho supõe uma avaliação da tradição intraeclesial e um discernimento das opções que as hermenêuticas sexuais oferecem para configurar a realização histórica da condição humana.

---

[159] K. Kriech, Crisis actual de la moral sexual en la comunidad católica: Concilium n. 100 (1974), p. 418-4231.

BIBLIOGRAFIA

1. Perspectivas antropológicas

- Iglesia Viva n. 174 (1994): "Perspectivas sobre la sexualidad humana".
- M. CUYÁS, *Antropología sexual. Reflexiones éticas y teológicas* (Madrid, 1991). PPC.
- T. ANATRELLA, *El sexo olvidado* (Santander, 1994). Sal Terrae.
- T. PRIEGO, C. PUERTO, *Comprender la sexualidad. Para una orientación integral* (Madrid, 1995). San Pablo.
- J. DOMINIAN, *Hacer el amor. El significado de la relación sexual* (Santander, 2002). Sal Terrae.

2. A "Nova Cultura" da sexualidade

- Concilium n. 193 (1984): "Sexualidad, Religión y Sociedad".
- M. DELGADO (ed.), *La sexualidad en la sociedad contemporánea* (Madrid, 1991). Fundación Universidad-Empresa.
- X. LACROIX, *Una palabra sobre la sexualidad en la época del SIDA*: "Razón y Fe 228" (1993), p. 295-306.

- S. Cardús, *La sexualidad como forma de religión*: "R. Díaz-Salazar, S. Giner, F. Velasco (eds.), Formas modernas de religión" (Madrid, 1994), p. 215-223.
- U. Beck, E. Beck-Gernsheim, *El normal caos del amor* (Barcelona, 2001). Paidós.
- A. Giddens, *Un mundo desbocado* (Madrid, 2000). Taurus.
- J. A. Marina, *El rompecabezas de la sexualidad* (Barcelona, 2002). Anagrama.
- R. Osborne, O. Guash (eds.), *Sociología de la sexualidad*. CIS (Madrid, 2003). Siglo XXI.
- Z. Bauman, *Amor líquido. Sobre a fragilidade dos laços humanos* (Jorge Zahar Editor, 2007).

3. Cristianismo e sexualidade

- F. J. Elizari, *Reconciliación del cristiano con la sexualidad* (Madrid, 1982). PPC.
- P. Brown, *El cuerpo y la sociedad. Los cristianos y la renuncia sexual* (Barcelona, 1993).
- Biblia y Fe 18 (1992) n. 52: "La sexualidad. Aproximación bíblica".
- G. Mora, *La sexualidad desde la antropología teológica*: "Iglesia Viva n. 174" (1994), p. 565-577.
- U. Ranke-Heinemann, *Eunucos por el Reino de los cielos. La Iglesia católica y la sexualidad* (Madrid, 1994).
- J. B. Nelson, S. P. Longfellow (eds.), *La Sexualidad y lo Sagrado* (Bilbao, 1996). Desclée.
- Varios, *Revisión de la comprensión cristiana de la sexualidad* (Madrid, 1997).

- P.-E. DAUZAT, *Les Sexes du Christ. Essai sur l'excédent sexuel du christianisme*. Denoël (Mayenne, 2007).
- T. RADCLIFFE, L. BASSET, E. BASSIN, *Christians and Sexuality in the Time of AIDS*. Continuum (New York, 2007).

4. Ética da Sexualidade

- M. VIDAL, *Ética de la sexualidad* (Madrid, 1991). Tecnos.
- B. FORCANO, *Nueva ética sexual* (Madrid, 1996). Trotta.
- VARIOS, *Revisión de la comprensión cristiana de la sexualidad* (Madrid, 1997). Nueva Utopía.
- J. VICO, *Liberación sexual y ética cristiana* (Madrid, 1999). San Pablo.
- E. LÓPEZ AZPITARTE, *Simbolismo de la sexualidad humana. Criterios para una ética sexual* (Santander, 2001). Sal Terrae.
- J.-R. FLECHA, *Moral de la sexualidad. Moral de la vida en el amor* (Salamanca, 2005). Sígueme. ID., *Ética de la sexualidad* (Madrid, 2002). PPC. ID., *Moral de la persona. Amor y sexualidad* (Madrid, 2002). BAC.
- G. PIANA, *La sessualità umana. Una proposta etica* (Villa Verucchio, 2007).

5. Educação Sexual

- N. GALLI, *Educación sexual*: "Diccionario de Ciencias de la Educación" (Madrid, 1990), p. 744-752. ID., *Educación sexual*: "Nuevo Diccionario de Teología Moral" (Madrid, 1992), p. 527-540.

- N. De La Carrera, *Más allá de la piel. Itinerario pedagógico para una sexualidad integrada en los jóvenes*: "Misión Joven n. 118-119" (1993), p. 65-88.
- C. Puerto, *La calidad de la educación afectivo-sexual en la escuela*: "Communio (Sevilla) 35" (2002), p. 465-492.
- Misión Joven 44 (2004) n. 328: "Educación afectivo-sexual", n. 233 (1996): "Jóvenes, amor y sexo".

ANEXO BIBLIOGRÁFICO

Revisão da ética sexual cristã em ambientes teológicos anglo-saxônicos (sobretudo dos Estados Unidos da América):

– *Duas obras pioneiras coletivas* (a primeira de tradição católica, a segunda de tradições protestantes):

- A. KOSNIK (ed.), *Human Sexuality: New Direction in American Catholic Thought.* Paulist (Mahwah, New Jersey, 1977).
- J. B. NELSON (ed.), *Embodiment: An Approach to Sexuality and Christian Theology.* Augsburg (Minneapolis, 1978).

– *Recompilação de estudos:*

- Ch. E. CURRAN, R. A. MCCORMICK (eds.), *Readings in Moral Theology. n 8: Dialogue About Catholic Sexual Teaching.* Paulist (New York, 1993).
- ID., *Readings in Moral Theology n. 9: Feminist Ethics and the Catholic Moral Tradition.* Paulist (New York, 1996).

- ID., *Readings in Moral Theology n. 13: Change in Official Catholic Moral Teachings*. Paulist (Nueva York, 2003).

– *A ética sexual na Bíblia*:

- R. SCROGGS, *The New Testament and Homosexuality*. Fortress (Philadelphia, 1983).
- L. W. COUNTRYMAN, *Dirt, Greed, and Sex: Sexual Ethics in the New Testament and Their Implications for Today*. Fortress (Philadelphia, 1988).
- R. F. COLLINS, *Sexual Ethics and the New Testament: Behavior and Belief*. Crossroad (New York, 2000).

– *Revisão crítica da tradição teológica*:

- J. BOSWELL, *Christianity, Social Tolerance and Homosexuality: Gay People in Western Europe from the Beginning of the Christian Era to the Fourteenth Century*. University of Chicago Press (Chicago, 1986).
- J. T. NOONAN, *Contraception: A History of Its Treatment by the Catholic Theologians and Canonists*. Harvard University Press (Cambridge, 1986).
- P. BROWN, *The Body and Society: Men, Women and Sexual Renunciation in Early Christianity*. Columbia University Press (NewYork, 1988).
- M. DUBERMAN (ed.), *Hidden From History: Reclaiming the Gay and Lesbian History Past*. Penguin Books (New York, 1989).
- B. HOOSE, *Received Wisdom? Reviewing the Role of Tradition in Christian Ethics*. Geoffrey Chapman (London, 1994), p. 43-77 ("Concerning Sex").

- R. S. KRAEMER, M. R. D'ANGELO (eds.), *Women and Christian Origins*. Oxford University Press (New York, 1999).
- Rosemary Radford RUETHER, *Christianity and the Making of the Modern Family: Ruling Ideologies, Diverse Realities*. Beacon (Boston, 2000).

– *Formulações sistemáticas de ética sexual "renovada":*

Além das obras já mencionadas de Ch. E. Curran, A, Guindon, Ph. S. Keane, Ch. E. Gudorf:

- Lisa Sowle CAHILL, *Sex, Gender, and Christian Ethics*. Cambridge University Press (Cambridge, 1996).
- Margaret A. FARLEY, *Just Love. A Framework for Christian Sexual Ethics*. Continuum (New York, 2008).

– *Orientações teológico-pastorais:*

- K. SCOUT, H. D. HORELL (eds.), *Human Sexuality in the Catholic Tradition*. Sheed & Ward (Lanham, 2007).

Segunda Parte

CONDIÇÃO HOMOSSEXUAL E CRISTIANISMO

Nesta segunda parte, queremos oferecer a informação básica para a compreensão e avaliação da postura oficial católica acerca dos interrogantes morais relacionados com a condição homossexual de um determinado número de pessoas (cerca de 4% do conjunto da população). Apresentamos a interpretação dos dados bíblicos; sintetizamos as afirmações da tradição eclesial; expomos, de forma mais extensa, a doutrina do magistério católico; aludimos às concepções da teologia moral atual. Essas quatro perspectivas têm o objetivo de procurar entender o significado da relação entre a Condição Homossexual e o Cristianismo.

— 6 —

AS RAÍZES BÍBLICAS DA COMPREENSÃO CRISTÃ SOBRE A HOMOSSEXUALIDADE

Como é normal, a Bíblia fala da homossexualidade no contexto cultural da antiguidade[160]. Não utiliza as precisões que possuímos atualmente a respeito deste complexo fenômeno humano; muito menos se questiona sobre por que existem pessoas com uma orientação homossexual; tampouco entra em seu horizonte a possibilidade de se viver a homossexualidade de uma forma humana integrada. Pelo contrário, os textos bíblicos se referem sempre a comportamentos homossexuais e, mais concretamente, a comportamentos num contexto desviante. Sempre que na Bíblia se fala de comportamentos homossexuais, estes aparecem com uma avaliação negativa. Por outra parte, na Bíblia existem

---

[160] Há numerosos estudos sobre a homossexualidade no mundo bíblico. Destaco alguns títulos representativos: R. Scrogg, *The New Testament and Homosexuality* (Philadelfia, 1983); R. L. Brawley (ed.), *Biblical Ethics and Homosexuality* (Louisville, 1996); R. A. Gagnon, *The Bible and the Homosexual Practice: Texts and Hermeneutic* (Nashville, 2001); D. O. Via, R. A. J. Gagnon, *Homosexuality and the Bible. Two views* (Minneapolis, 2003); Th. Römer, L. Bonjour, *L'homosexualité dans le Proche-Orient ancient et la Bible* (Genebra, 2005). Sigo de perto a síntese de G. Ruiz, *La homosexualidad en la Biblia*: "Varios, Homosexualidad: ciencia e consciencia" (Santander, 1981), p. 97-111.

poucas referências diretas sobre a homossexualidade. Neste capítulo, retomaremos os textos mais significativos tanto do Antigo como do Novo Testamento.

1. Antigo Testamento

a. O relato de Sodoma e Gomorra

A história de Sodoma e Gomorra (Gn 19,1-11.24-29) é uma passagem muito utilizada tanto pela tradição judaica como pela tradição cristã para recriminar o "pecado" da homossexualidade. Tanto é assim que da cidade de Sodoma derivou-se o nome com que, às vezes, se designavam o sujeito e o comportamento de orientação homossexual. Essa cidade inspirou também o título de um dos livros mais aterradores da Idade Média, o *Gomorrianus* de Pedro Damião.

Entretanto, as coisas não são tão claras. O uso dessa passagem bíblica deve ser submetido a uma revisão a partir de uma análise de seu significado objetivo. Os textos do Antigo Testamento que aludem a Sodoma destacam sua completa destruição (cf. Is 1,9; Jr 49,18; Am 4,11; Sf 2,9) ou assinalam que seus homens eram muito "maus e pecadores" (Gn 13,13), fornicadores e mentirosos (Jr 23,14), indiferentes ao sofrimento "do pobre e do indigente" (Ez 16,49-50), não respeitosos com a lei da hospitalidade (Eclo 16,8). Nas alusões dos Evangelhos (Mt 10,15; 11,23-24; Lc 17,28-29) não existe alusão à temática homossexual. Existem dois textos do Novo Testamento que fazem referência a Sodoma com alguma conotação homossexual. O versículo 7 da carta de Judas que se refere à relação carnal (prostituição) entre homens e seres quase divinos e o texto de 2Pd 2,6-10 fala da conduta libertina em geral. O relato (Gn 19,1-11.24-29) pertence à fonte javista (nome dado a um redator ou talvez a uma escola de escritores do século X antes de Cristo), que recolheu uma lenda anterior e procurou explicar com ela a destruição total daquelas cidades. Como em outros relatos bíblicos (e não-bíblicos), a mensagem a ser comunicada não depende de a história que dá origem à lição ter realmente acontecido ou não. Trata-se de uma etiologia, gênero muito frequente no Antigo Testamento e, sobretudo, no javista. Corresponde à busca de uma explicação para as causas de algum fenômeno ou de alguma palavra. Neste caso, haveria de explicar a súbita destruição das prósperas cidades dos arredores do Mar Morto.

A favor da interpretação em chave homossexual estão estes dados: 1) O uso do verbo "yada" ("faze-os sair para que os conheçamos" – Gn 19,5b), que em hebraico, como se sabe, refere-se ao conhecimento integral e experiencial e inclui, portanto, o ato sexual. 2) O que significa "os homens da cidade, desde os jovens até os velhos" (v. 4): aqueles que pedem, indicando que se tratava de uma ação homossexual. 3) O que Lot propõe como contrapartida, oferecendo suas filhas, "para que façais com elas como bem lhes pareça" (v. 8), revelaria que a ação a que queria opor-se era também de caráter sexual.

Porém, existem suficientes contra-argumentos para pôr em dúvida a interpretação do relato em chave homossexual. Mesmo aceitando o sentido indicado do verbo "conhecer" (yada) em hebraico; não é menos verdade que só uma centésima parte de suas aparições no Antigo Testamento (10 contra 943) tem o sentido unívoco de relação sexual completa, referindo-se sempre à relação heterossexual. Os dois únicos casos em que se descreve a relação homossexual (Lv 18,22 e 20,13) empregam o verbo "sakab" (jazer, deitar-se). O relato que nos ocupa e sua réplica posterior (Jz 19,22) constituiriam assim uma notável exceção. Desta forma, do texto tal como se encontra e das alusões que dele são feitas em outras passagens do Antigo Testamento que se referem a Sodoma:

1) Pode-se deduzir a injustiça e a violação das leis da hospitalidade por parte dos habitantes de Sodoma.

2) Não se pode inferir a priori que se tratasse concretamente de um intento de violação homossexual.

3) Menos ainda pode-se afirmar que aqueles intentos de violação homossexual receberam tamanha desqualificação divina como havia sido a destruição total daquelas cidades.

Como se chegou à interpretação homossexual? Através dos escritos intertestamentários, como o Testamento de Benjamin 9, e o II Henoch 34,2 e 10,4. A estes apócrifos devem ser acrescentados os escritos de Fílon e de Flávio Josefo. Em contato com o mundo helenista, estes escritos judaicos interpretaram a passagem de Sodoma em clara referência ao comportamento homossexual. Os dois textos do Novo Testamento, de Judas 7 e 2 Pd 2,6-8, dependem dessa interpretação.

b. Duas Leis do Levítico

"Não te deitarás com um homem como se deita com uma mulher, isto é uma abominação" (Lv 18,22). "Quando um homem se deita com um homem como se deita com mulher, ambos cometem uma abominação. São réus de morte e o sangue deles recaia sobre eles" (Lv 20,13).

Estes são os dois únicos textos do Antigo Testamento em que claramente se fala da homossexualidade e a condena. Sobre eles convém fazer as seguintes observações:

– No grande número de todo tipo de leis que os quatro últimos livros do Pentateuco contêm, só se encontram duas relativas à homossexualidade.
– O castigo de pena de morte era previsto também para o adultério, para a bestialidade e para a relação com uma mulher durante o período de menstruação (Lv 20,10.15.18).
– A ausência de argumentações na legislação não nos permite conhecer as razões do Antigo Testamento para tal proibição. Talvez tenha de se considerar o contexto idolátrico (prostituição sagrada), a "degradação" que supõe o comportamento homossexual para o homem (sentido "passivo", certa assimilação com a mulher: "feminização") e a eliminação da finalidade procriadora.

c. Observações complementares

No mundo do Antigo Testamento, não se tinha consciência da distinção (nem podia tê-la) entre "constituição" homossexual e "comportamento" homossexual. O que se recrimina é o comportamento, considerado "contrário" ao que se pensava ser normal e comum, a condição heterossexual das pessoas (mais concretamente a dos homens). Da condição homossexual como tal não se fala no Antigo Testamento; tampouco dos possíveis comportamentos "normais" das pessoas com condição homossexual. As atuais concepções, de caráter mais crítico, não podem ser aplicadas sem critérios às referências bíblicas que estão em outro contexto histórico.

Por último, não podem ser esquecidos alguns textos de autêntico sabor homofílico. "Ao lermos passagens como a da terna e profunda amizade entre Davi e Jônatas (1Sm 20 e 2Sm 1), que culmina no pranto de Davi ("Quanto sofro por ti, Jônatas, meu irmão! Eu te amava tanto! Tua amizade era para mim maravilhosa, mais bela que o amor das mulheres" – 2Sm 1,26), podemos licitamente deduzir que o pensamento bíblico não condenaria tão drasticamente todos esses outros graus de afetividade que enchem, em tantos casos, de matizes aquilo que somente em seu ponto culminante aqui é condenado"[161].

2. Novo Testamento

Na mensagem de Jesus, que as comunidades primitivas recolheram e transmitiram através dos Evangelhos, não se encontra nenhuma referência à homossexualidade.

Dos textos de Judas 7 e de 2Pd 2,7 já foi comentada a conexão com a interpretação do relato veterotestamentário de Sodoma. Os demais textos do Novo Testamento encontram-se no *corpus paulinum* e no livro do Apocalipse e podem ser agrupados em dois conjuntos, segundo a pertença a dois gêneros literários diversos.

---

[161] G. Ruiz, l. c., p. 106.

a. Na diatribe da Carta aos Romanos

"Por isso (por haver adorado às criaturas em vez de adorar ao Criador), Deus os entregou a paixões degradantes: suas mulheres mudaram as relações naturais por relações contra a natureza; os homens, igualmente, abandonando as relações naturais com a mulher, inflamaram-se de desejos uns pelos outros, cometendo a infâmia de homem com homem e recebendo em sua pessoa o justo salário de seu desregramento" (Rm 1,26-27).

Para proclamar "a justiça de Deus, independentemente da lei, a justiça de Deus pela fé em Jesus Cristo" (Rm 3,21-22), Paulo "demonstra que tanto judeus como gregos estão sob o pecado, como disse a Escritura" (3,10). No extenso desenvolvimento dessa "prova", e em referência direta aos "gregos" (pagãos) (1,18–2,16), introduz o "argumento" dos comportamentos homossexuais.

A condenação de Paulo é forte. Constitui para ele a culminação e o melhor expoente da situação de injustiça em que se encontra o mundo pagão. Para compreender com melhor precisão possível esta passagem, convém considerar o seguinte[162]:

– Paulo refere-se aos comportamentos homossexuais (e, entre estes, pensa nos mais "aberrantes"). É impossível que em seu raciocínio funcione a distinção atual entre "constituição" e "comportamento".

---

[162] Cf. J. E. MILLER, *The Practices of Romans 1,26: Homosexual or Heterosexual?*: "Novum Testamentum 37" (1995), p. 1-11.

- Condena a atuação homossexual apelando para a "lei da natureza". Trata-se de uma categoria estoica, porém assumida neste caso (como em outros) plenamente e com todo o seu valor normativo. Junto com a categoria de "synéidesis", trata-se de uma notável inculturação moral paulina.
- Relacionando os versículos 26-27 com os precedentes (24-25), pode-se pensar que Paulo acrescenta à razão estoica outra de caráter mais próximo da cosmovisão cristã. Ao "desonrar entre si seus corpos", os pagãos "mudaram a verdade de Deus pela mentira e adoraram e serviram à criatura ao invés do Criador".
- Nesta passagem (v. 26), pode ser que se encontre a única alusão bíblica à homossexualidade feminina. "Suas mulheres mudaram as relações naturais por relações contra a natureza". Não sabemos se essa alusão associava "relações contra a natureza" a posturas antinaturais da mulher no ato sexual, das quais existe testemunho em textos pagãos[163].

b. Nas listas de vícios

No Novo Testamento, encontramos outros quatro relatos em que, com maior ou menor segurança, alude-se aos comportamentos homossexuais: 1Cor 6,9-10; 1Tm 1,9-11; Ap 21,8 e 22,15.

---

[163] Ovídio, Ars Amatoria, III, p. 777-778; Apuleyo, Metamorphosis, II, 17.21. Citados por D. S. Bailey, o. c., p. 40, nota 1.

"Nem fornicadores, nem idólatras, nem adúlteros, nem efeminados, nem sodomitas (arsenokoítai), nem ladrões, nem avaros, bêbados, nem caluniadores ou exploradores herdarão o Reino de Deus" (1Cor 6,9-10).

"(A Lei é feita) para os iníquos e rebeldes, ímpios e pecadores, sacrílegos e profanadores, parricidas, matricidas e assassinos, fornicadores (pórnois), sodomitas (arsenokoítais), traficantes de escravos, mentirosos, perjuros e para todos aqueles que se opõem ao santo ensinamento segundo o Evangelho" (1Tm 1,9-11).

"Os covardes, os incrédulos, os abomináveis, os assassinos, os impuros (pórnois), os feiticeiros, os idólatras e todos os trapaceiros terão sua parte no lago que arde com fogo e enxofre, que é a morte segunda" (Ap 21,8).

"Fora os cães (*kynes*), os feiticeiros, os impuros, os homicidas, os idólatras e todos os que amam e praticam a mentira" (Ap 22,15).

Os quatro textos, de modo especial os dois primeiros, pertencem ao gênero literário de "listas de vícios". Tais listas consistiam em transcrições de catálogos de origem estoica de ampla circulação naquele tempo. O cristianismo primitivo as assumiu com pequenas variantes e as "cristianizou". Sem lhes tirar o valor normativo para a conduta cristã, não se pode considerá-las como se fossem, em todos seus detalhes, a expressão da genuína moral cristã. Muito menos se pode outorgar a cada uma das expressões uma valorização de gravidade moral, tal como foi formulada na reflexão teológico-moral ulterior.

A referência explícita a condutas homossexuais depende do significado que tenham determinadas expressões[164]:

---

[164] Cf. D. MARTIN, *"Arsenokoités" and "Malákos": Meanings and Consequences:* R. BRAWLEY (ed.), Biblical Ethics and Homosexuality (Louisville, 1996), p. 117-136.

– Os cães (kynes) de Ap 22,15 dificilmente aludem aos hieródulos do Antigo Testamento, expressando melhor a conotação depreciativa dos homens que haviam se tornado como cães, opondo-se à vontade de Deus e vivendo no reino da idolatria e da mentira.

– Os "impuros" (pórnoi) de Ap 21,8 são propriamente aqueles que acorrem à fornicação com prostitutas. O termo "pórnos" assume no mundo clássico o sentido de pederastia, porém não no sentido do grego bíblico.

– Alguns intérpretes entendem o termo malakoí (1Cor 6,9) dentro do significado da homossexualidade. No entanto, seu sentido original é de "brando", "suave" como oposto a "duro" (sklerós). Nesta perspectiva, traduz-se por "delicado", dando-lhe assim uma tonalidade de sensualidade tal como corresponde ao contexto. Poderia aceitar-se a tradução de "afeminado", mas traduzi-lo por "invertido" seria fazê-lo dizer mais do que disse.

– O termo que se refere diretamente a comportamentos homossexuais é arsenokoítai (sodomitas), que se encontra nos dois primeiros textos. Denota homens que se deitam com homens. Porém, não convém traduzir, inadvertidamente, esse termo grego por "homossexuais", já que a palavra grega refere-se explícita e exclusivamente à ação de deitar-se homem com homem.

3. Balanço

Da análise bíblica precedente podem-se deduzir algumas conclusões, nas quais se resumem a avaliação bíblica sobre a homossexualidade. G. Ruiz as sintetiza nas seguintes afirmações[165]:

– A atuação homossexual completa, nunca a mera disposição ou condição homossexual, é para o pensamento bíblico algo não vivido de perto, mas algo considerado alheio e descartável nas poucas vezes que, de algum modo, entra em seu campo de consideração.
– As condenações ao longo de todo o Antigo Testamento e do Novo Testamento são poucas em número. A atenção ética da Bíblia centra-se, pelo contrário, em outros problemas como o da injustiça, da indiferença aos pobres, da idolatria. Quando reflete sobre os temas sexuais, são outros problemas, como, por exemplo, o do adultério, que ocupam sua atenção.
– Esta reduzida manifestação faz, por outro lado, com que as condenações estejam em blocos, indiscriminadas e sem matizações, tendo a reflexão teológico-moral posterior de matizar e discernir em maior profundidade as questões que se apresentam.
– A homossexualidade feminina, com exceção da referência em Rm 1,26, está ausente da Bíblia.
– O uso que a Igreja tem feito da Bíblia, nesta matéria, tende ao "maximalismo", interpretando os textos com explícito exagero e não guardando a proporção, sequer quantitativa, que a Bíblia marca frente a outros pecados mais graves e condenáveis.

---

[165] G. Ruiz, l. c., p. 110-111.

– 7 –

A TRADIÇÃO ECLESIAL SOBRE A HOMOSSEXUALIDADE

A avaliação que a tradição eclesial tem feito sobre a homossexualidade não pode deixar de estar condicionada pela mentalidade dominante da cultura ocidental de caráter notavelmente homofóbico. A corrente cristã arrasta elementos socioculturais que a mistificam e a condicionam: a atitude anti-helênica do judaísmo pós-bíblico neste tema da homossexualidade (Josefo e Fílon); a normativa rigorosa do direito romano e das ulteriores legislações ocidentais; a tonalidade "machista" da cultura ocidental.

Desde as exortações da Patrística até a moral casuística, passando pela reflexão medieval, a práxis penitencial, as determinações dos sínodos e concílios, os catecismos e outras expressões da consciência cristã, constata-se um tipo de reflexão ética que é a cobertura teórica da atitude abordada. O horizonte dos dados que serão expostos a seguir é o do catolicismo. Em outras confissões cristãs, a consideração da homossexualidade não é muito diferente[166].

---

[166] Ver, por exemplo, o uso que os Reformadores (Lutero, Calvino) fazem do texto bíblico sobre Sodoma e Gomorra: Ch. Elwood, *A Singular Example of the Wrath of God: The Use of Sodom in Sixteenth-Century Exegesis:* "Harvard Theological Review 98" (2005), p. 67-93.

1. Época patrística

É fácil recolher textos patrísticos nos quais se condenam, sem paliativos nem matizes, os comportamentos homossexuais. As razões de tal condenação encontram-se na frustração da finalidade procriadora, na busca imoderada do prazer e na forma antinatural do comportamento homossexual. Aponto a seguir algumas referências patrísticas.

Clemente de Alexandria denuncia os sodomitas por se terem abrasado no amor para com os jovens[167]. São João Crisóstomo pondera esse pecado pelo castigo recebido: já que haviam praticado uma relação sexual sem finalidade procriadora, Deus faria com que o ventre mesmo da terra carecesse de produzir frutos de vida.

Santo Agostinho crê que Sodoma se havia convertido em uma cidade ímpia, posto que a "sodomia de uma e outra classe se havia feito tão corrente como os demais atos permitidos pelas leis"[168]. Ao comentar o texto paulino de Rm 1,27-29, compara a homossexualidade ou sodomia com o meretrício. Vê a razão de sua condenação no uso "antinatural" da sexualidade, ao frustrar sua finalidade procriadora[169].

A primeira condenação que se conhece de um concílio da Igreja encontra-se no Concílio de Elvira (305-306), cujo cânon 71 nega o sacramento da penitência aos violadores de crianças ("stuprotoribus puerorum nec in finem dandam esse

---

[167] Pedagogo, 3, 8. Cf. J. C. VILBERT, *Aux origines d'une condemnation: l'hossexualité dans la Rome antique et l'Église des premiers siècles:* "Lumière et Vie 29" (1980), n. 147, p. 15-28.
[168] *De Civitate Dei*, XVI, p. 30.
[169] *De nut. et conc.*, 2, 21, 35: PL, 44, p. 456-457.

communionem")¹⁷⁰. O Concílio de Ancyra (314), em seu cânon 17, condena a prática homossexual e a bestialidade. São Basílio exclui os sodomitas da recepção dos sacramentos durante 15 anos.

Uma condenação explícita da sodomia se encontra no XVI Concílio de Toledo (693). Na Lex Visigothorum, o rei Egica recolhe a disposição desse Concílio de Toledo e prescreve que os eclesiásticos acusados de sodomia devem ser excomungados, depilados e desterrados para sempre, não sem antes ter recebido cem açoites nas costas; acrescenta ainda a pena de castração para os culpados deste delito.

Tanto nos textos exortativos da Patrística como nas formulações normativas dos concílios, a condenação da homossexualidade faz-se olhando a ordem objetiva e tendo como referência os comportamentos mais chamativos. Não se fazem matizes sobre a responsabilidade pessoal nem sobre a diversidade de formas de comportamentos homossexuais. Além disso, o critério da condenação é basicamente a frustração da finalidade procriadora.

Na condenação generalizada dos comportamentos homossexuais por parte do cristianismo primitivo, não convém deixar de assinalar a existência de alguns sinais de certa "tolerância". É o que J. Boswell tentou pôr em relevo em sua análise minuciosa dos dados, com uma atitude hermenêutica propensa à compreensão ou, pelo menos, a uma condenação não excessiva da homossexualidade¹⁷¹. Faltam estudos

---

¹⁷⁰ J. Vives (ed.), *Concilios Visigóticos e Hispano-romanos* (Madrid-Barcelona, 1963), p. 14.
¹⁷¹ J. Boswell, *Cristianismo, tolerancia y homosexualidad* (Barcelona, 1993).

para discernir com suficiente objetividade o significado de determinados sinais de afeto entre pessoas santas[172] e na vida monástica da época[173].

2. Idade Média

a. Condenação dos teólogos

Com Tomás de Aquino fica fixado o marco com o qual vai tratar-se o comportamento homossexual na moral católica dos séculos ulteriores. Os pecados da vida sexual são classificados em dois grupos: pecados segundo a natureza (*secundum naturam*) e aqueles que são contra a natureza (*contra naturam*). Os pecados contra a natureza denotam uma "oposição especial contra a ordem natural do ato venéreo dentro da espécie humana"[174], isto é, contradizem o fim próprio do ato venéreo, ao impedir a geração. Tais pecados contra a natureza superam, em gravidade, os pecados segundo a natureza, porque constituem uma violação da ordem natural fixada por Deus.

Três são os pecados contra *naturam*: a "imundície" ou masturbação, a homossexualidade ou sodomia e a bestialidade. A homossexualidade é descrita como uma relação (*concubitus*)

---

[172] J. BOSWELL (nota precedente) dá importância às díades de santos(as) (Perpétua e Felicidade, Polieuco e Nearco, Sérgio e Baco), assim como ao intercâmbio de poesias de amor (por exemplo, entre Ausônio e São Paulino de Nola). Sobre este último santo, cf. D. SORRENTINO, *L'amore de unità. Amicizia spirituale ed eclesiologia in Paolino di Nola*: "Asprenas 40" (1993), p. 24-42; ID., *Nuove prospettive su Paolino di Nola*: "Asprenas 42" (1995), p. 413-424.
[173] C. ESPEJO, *El derecho negado. Aspectos de la problemática homosexual en la vida monástica (siglos III-VI d. C.)* (Granada, 1991).
[174] II-II, q. 154, a. 11.

com o sexo "não devido", isto é, de um homem com outro homem ou de uma mulher com outra mulher. Tomás de Aquino estabelece certa gradação entre os três pecados contra a natureza. A bestialidade é o mais grave, a imundície ou masturbação o menos grave. À homossexualidade parece ficar reservado um posto intermediário; porém, Tomás não se detém sobre esta problemática.

b. Sinais de tolerância?

Também no período medieval, J. Boswell creu descobrir "sinais de tolerância" mediante minuciosas análises sobre as práticas de amor entre iguais, toleradas pela Igreja e exercitadas entre clérigos e monges. Entre essas práticas destacam-se as "bodas da semelhança", uma espécie de união ("irmandade" ou "fraternidade") referendada mediante uma cerimônia e uns compromissos de caráter similar à cerimônia e ao compromisso matrimonial entre pessoas heterossexuais[175]. Segundo esse autor, a comunidade homossexual de hoje deveria buscar seu passado perdido, não tanto na Grécia socrática quanto no século XII medieval, quando clérigos escreviam poemas de amor a seus amigos e eram toleradas bodas entre iguais. Para Boswell, essa situação mudou radicalmente a partir do século XIV. Foi precisamente a partir deste século que a "Europa Ocidental foi dominada por uma furiosa obsessão contra a

---

[175] P. Boswell, *Las bodas de la semejanza. Uniones entre personas del mismo sexo en la Europa premoderna* (Barcelona, 1996).

homossexualidade, considerada como o mais horrível dos pecados"[176].

Sobre a objetividade desta tese histórica de J. Boswell recaem muitas perguntas. Eis aqui os comentários de um especialista sobre o tema: "Encontramo-nos ante uma obra séria, importante e que, sem dúvida, provocará polêmicas e debates. É certo que uniões entre pessoas do mesmo sexo têm havido ao longo da história da humanidade paralelamente ao matrimônio, ao concubinato, às relações extraconjugais etc. A questão histórica, principalmente aqui abordada, enraíza-se não no fato de terem sido ou não toleradas ou permitidas relações homossexuais, que é evidente que sim, mas se foram reconhecidas pela comunidade ou sociedade, dotando-lhes de um estatuto similar ao matrimônio (heterossexual). O autor aposta decididamente na resposta afirmativa, pelo menos em algumas regiões europeias de clara influência grega até o século XIV. Para isso, ele se firma, basicamente, numa visão bastante reducionista e negativa do matrimônio, numa infravalorização da influência que teve o cristianismo sobre estas realidades e numa acumulação de textos de muitas diferentes características e valor, aos quais ele praticamente concede idêntica força e dá uma interpretação determinada. Mas creio que o autor não está muito certo nas duas primeiras considerações. Nem o matrimônio era, como ele afirma, basicamente uma relação comercial ou contratual em que os afetos não tinham espaço, nem a consideração moral e legislativa do cristianismo foi tão débil ou acomodatícia como ele pare-

---

[176] Ibid., 447.

ce sugerir. Por outro lado, os documentos que ele utiliza em favor de sua tese são muito heterogêneos e de diferente valor probatório. Os mais interessantes são os textos litúrgicos e os documentos de fraternidade. Porém, esses textos, como ele mesmo reconhece, expõem sérios problemas filológicos e de interpretação, além de estarem limitados a determinadas regiões. Tudo isso faz com que as conclusões a que ele chega devam ser tomadas com muita cautela e, desde logo, desautorizam o título principal castelhano da obra"[177].

Entre os sinais de tolerância ante a homossexualidade, deve-se referir também a resposta que o Papa Leão IX deu à petição de Pedro Damião (em seu escrito Liber Gomorrhianus) de que se expulsassem do sacerdócio e das ordens os homossexuais. O pontífice adotou uma postura mais benigna, como ficou refletida na expressão que se tornou famosa: "sed Nos humanius agentes" (porém Nós atuamos de forma humana). Readmitiu ao exercício ministerial os clérigos homossexuais arrependidos. "Mais, uma vez que trabalhamos com uma grande humanidade, queremos e ordenamos, confiando na divina misericórdia, que aqueles que, seja com as próprias mãos, seja entre eles, fizeram sair seu sêmen ou que o derramaram entre as pernas, porém não em uma prática ampla nem com muitas pessoas, se refrearam sua sensualidade e expiaram seus atos infames com uma apropriada penitência, sejam de novo admitidos nos mesmos graus em que estavam enquanto se encontravam em suas más ações, mesmo sem perseverar nelas"[178].

---

[177] F. R. AZNAR, em *Revista Española de Derecho Canónico* 5 (1996), p. 821.
[178] Denzinger-Hünermann, p. 688.

3. Época da moral casuísta

Os moralistas da época casuísta, que se estende do Concílio de Trento até o Vaticano II, sustentam uma postura totalmente contrária ao comportamento homossexual. Desde Santo Afonso[179] até os casuístas mais recentes[180], a condenação é mantida.

Devido à tônica geral da moral sexual deste período, a consideração acerca da homossexualidade caracteriza-se por seu rigorismo, por sua impostação preferencialmente biologicista e por sua orientação casuísta[181]. Santo Afonso estuda a homossexualidade entre as espécies de luxúria consumada que vão contra a natureza e analisa as opiniões manifestadas pelos moralistas anteriores sobre o constitutivo formal da "sodomia", sublinhando que a razão última de sua imoralidade se encontra na frustração da finalidade procriadora[182].

Os manuais posteriores conservaram como motivo último para condenar a homossexualidade sua inadequação com o fim procriador da sexualidade humana. Também sublinham o caráter "antinatural" na realização do ato homossexual, assim como a busca indevida do prazer sexual. Às vezes, consideram também o agravante do pecado contra a caridade que se evidencia na cooperação recíproca no pecado[183].

---

[179] *Teologia Moralis*, Lib. III, Tract. IV, dubium III.
[180] B. H. MERKELBACH, *Summa Theologiae Moralis* (Paris, 1942) 947-952; M. ZALBA, *Theologiae Moralis Compendium* (Madrid, 1958), p. 780-781.
[181] P. HUTEAU, *Catholic Moral Discourse on Male Sodomy ad Masturbation in Seventeenth and Eighteenth Century:* "Journal of the History of Sexuality 4" (1993), p. 23-42.
[182] *Teologia Moralis*, Lib. III, Tract. IV, cap. 2, dub. 3.
[183] Cf. M. ZALBA, o. c., p. 781.

Evidentemente, esta reflexão teológica está marcada por uma compreensão procriativista da sexualidade; pela influência do dualismo helênico e do neoplatonismo na negação do prazer sexual; tendência ao reducionismo genital e por uma compreensão biologicista na normatividade do "segundo a natureza"; e por uma consideração pré-científica no campo da sexualidade. Este pano de fundo explica a dureza e a falta de matizações nos juízos condenatórios.

— 8 —
DOUTRINA DO MAGISTÉRIO ECLESIÁSTICO RECENTE

Frente à raridade de textos bíblicos e à escassez de tratamento temático na tradição eclesial, chama a atenção, na época recente, a acumulação de manifestações oficiais sobre a homossexualidade. Sobressaem os documentos da Sagrada Congregação para a Doutrina da Fé (CDF), emitidos em datas escalonadas: Declaração do ano de 1975; Carta a todos os bispos sobre a atenção pastoral às pessoas homossexuais em 1986; Carta aos bispos dos EUA sobre os direitos civis dos homossexuais em 1992; Considerações sobre as uniões homossexuais de 2003. A esses textos da CDF, que marcam a orientação doutrinal, há de se agregar outros, tanto do magistério romano como do magistério episcopal. Faço uma análise essencial de todos eles pela importância que têm para conhecer, em todos os seus matizes, a doutrina oficial da Igreja Católica no momento presente.

1. Intervenções da Congregação para a Doutrina da Fé

a. Declaração "Persona Humana" (1975)

Essa Declaração da Congregação para a Doutrina da Fé (1975) é o primeiro documento do magistério eclesiástico moderno que trata o tema da homossexualidade[184], ao qual dedica um parágrafo (n. 8), do qual recolho os aspectos de maior relevo.

Esse documento assume a distinção ("que não parece infundada") entre estrutura e exercício, diferenciando dois tipos de homossexualidade: uma, de caráter transitório, "que procede de uma falsa educação, de falta de desenvolvimento sexual normal, de hábito adquirido, de mau exemplo" e, outra, "por causa de certo instinto inato ou constituição patológica". Sobre a primeira forma de homossexualidade, afirma que "não é incurável", enquanto que a segunda é considerada incurável.

Apesar de não enquadrá-la nos esquemas de pecado, continua considerando a estrutura homossexual como uma condição humana "patológica" *(vitiata constitutio)* frente à postura da psiquiatria atual, que não mais a enquadra nas enfermidades psíquicas.

O juízo moral sobre o comportamento homossexual (genital) expressa-se em termos de ética objetivista e intrinsecista. "São atos privados de sua necessária e essencial ordenação"; "por sua intrínseca natureza são desordenados e não podem ser nunca aprovados de algum modo".

---

[184] O texto oficial da Declaração encontra-se em: "ASS 68" (1976), p. 77-96; referente à homossexualidade o n. 8. Comentário ao conteúdo específico da declaração sobre a homossexualidade: D. CAPONE, *Reflexión sobre los puntos relativos a la homosexualidad:* "VARIOS, *Algunas cuestiones de ética sexual"* (Madrid, 1976), p. 119-129.

Essa rígida avaliação moral é suavizada pastoralmente, sobretudo no que se refere às pessoas constitutivamente homossexuais. Ainda que se reprove todo "método pastoral que reconheça uma justificação moral para esses atos por considerá-los conformes à condição dessas pessoas", afirma-se, entretanto, que "indubitavelmente essas pessoas devem ser acolhidas, na ação pastoral, com compreensão e devem ser sustentadas na esperança de superar suas dificuldades pessoais e sua não adaptação social. Também sua culpabilidade deve ser julgada com prudência". Por outro lado, concebe-se que os dados da Escritura "não permitem concluir que todos os que padecem desta anomalia sejam responsáveis total e pessoalmente de suas manifestações".

Em ligação com essa doutrina e por sua proximidade temporal, convém recordar a afirmação contida na Carta de João Paulo II aos bispos dos Estados Unidos, na qual agradece-lhes por convidá-lo a visitar o país (1979)[185]. Nesta carta, o Papa recolhe uma afirmação feita previamente pelos bispos estadunidenses. "A conduta homossexual, enquanto distinta da orientação homossexual, é moralmente desonesta." Acrescentando, por sua própria conta: "não haveis traído aqueles que, por motivo da homossexualidade, encontram-se diante de difíceis problemas morais, como em troca haveria sucedido se, em nome da compreensão ou compaixão, ou por qualquer outra razão, houvésseis suscitado uma falsa esperança para algum irmão ou irmã. Mas sim, com vosso testemunho em relação à verdade da humanidade segundo

---

[185] Discurso aos Bispos dos EUA (5/10/1979): "Ecclesia 39" (1979), p. 1314.

o plano de Deus, haveis manifestado realmente amor fraterno, estimulando a verdadeira dignidade daqueles que olham para a Igreja de Cristo pela norma que vem da palavra de Deus".

b. Carta aos Bispos da Igreja Católica (1986)

Essa Carta aos Bispos da Igreja Católica sobre o Cuidado Pastoral das Pessoas Homossexuais (1º de outubro de 1986)[186] da CDF reafirma a doutrina do documento precedente de 1975 e sai ao encalço de algumas experiências pastorais com sinais de abertura[187].

Recorda que "os atos homossexuais devem ser julgados com prudência" e que se deve distinguir "entre condição ou tendência homossexual e atos homossexuais". Ratifica também que a inclinação da pessoal homossexual é uma tendência "para um comportamento intrinsecamente mau a partir do ponto de vista moral".

---

[186] Texto Latino em "AAS 79" (1987), p. 543-554 ("Epistula ad universos catholicae Ecclesiae episcopos"). Tradução Castelhana em *Ecclesia* 2.293 (1986), p. 1579-1586.

[187] Comentário oficial desta Carta: Congregação para a Doutrina da Fé, *Lettera sulla Cura Pastorale delle Persone Omossessuali* (1º de outubro de 1986). *Testo e Commenti* (Vaticano, 1995). Outros Comentários: G. Marchesi, *L'omossessualità: Problema Pastorale per la Chiesa. A proposito del Documento Romano:* "La Civiltà Cattolica 137" (1986) IV, p. 560-569; G. D. Coleman, *The Vatican Statement on Homosexuality:* "Theological Studies 48" (1987) p. 727-734; J. M. de Lahidalga, *La 'Carta" de Roma y los Homosexuales:* "Lumen 36" (1987), p. 97-121; R. Nugent, *Homosexuality and Magisterial Teaching:* "Irish Theological Quarterly 53" (1987), p. 66-74; G. Perico, *La Cura Pastorale delle Persone Omossessuali in Recente Documento della S. Sede:* "Aggiornamenti Sociali 38" (1987), p. 79-96; B. Williams, *Homosexuality: The New Vatican Statement:* "Theological Studies 48" (1987, p. 259-288; J. Gramick, P. Furey (ed.), *The Vatican and Homosexuality: Relations to the "Letter to the Bishops of the Catholic Church on the Pastoral Cure of Homosexual Persons"* (New York, 1988)

Apoiando-se em passagens bíblicas (Gn 19; Lv 18,22 e 20,13; 1Cor 6,9), esse documento sublinha de novo o caráter imoral das relações homossexuais (genitais). "Somente na relação conjugal pode ser moralmente reto o uso da faculdade sexual. Por conseguinte, uma pessoa que se comporta de maneira homossexual, age imoralmente", porque "contradiz a vocação a uma existência vivida nessa forma de autodoação", uma vez que "quando se empenham numa atividade homossexual reforçam dentro delas uma inclinação sexual desordenada, em si mesma, caracterizada pela autocomplacência". Portanto, "a atividade homossexual impede a própria realização e felicidade, porque é contrária à sabedoria criadora de Deus". A Igreja, quando recusa essas doutrinas errôneas, "não limita, mas melhor defende a liberdade e a dignidade da pessoa".

A condenação dos comportamentos homossexuais não supõe aprovar as discriminações sofridas pelas pessoas homossexuais. De fato, o documento afirma que "tais comportamentos merecem a condenação dos pastores da Igreja". Contudo, acrescenta que "a justa reação às injustiças cometidas contra as pessoas homossexuais de nenhum modo pode levar à afirmação de que a condição homossexual não seja desordenada".

Qual deve ser a atitude de uma pessoa homossexual que busca seguir ao Senhor? A resposta é que "as pessoas homossexuais, como os demais cristãos, são chamadas a viver a castidade", de onde se deduz o critério básico para a pastoral. "Nenhum programa pastoral autêntico poderá incluir organização alguma na qual se associem entre si pessoas homossexuais, sem que se estabeleça claramente que a atividade homossexual é imoral."

Evidentemente, nesse documento há um tratamento mais matizado da homossexualidade, já que são considerados os aspectos concretos e diversificados desta condição humana. Também se deve sublinhar o dado positivo de defender a dignidade da pessoa homossexual diante de Deus, diante de si mesma, diante da comunidade civil e diante da comunidade eclesial. No entanto, além da avaliação negativa dos comportamentos homossexuais (genitais), volta-se a enfatizar a qualificação de "desordem objetiva" da inclinação homossexual, recusando outras interpretações que possam ser "demasiadamente benévolas". Contudo, não se nega que "de fato, num caso determinado", possam ter existido no passado ou possam subsistir, todavia, circunstâncias capazes de reduzir ou inclusive de eliminar a culpabilidade do indivíduo.

Vários dos conteúdos desse documento tornaram-se altamente ofensivos para muitos homossexuais, pela generalização que implicavam. Particular rejeição originou a afirmação de que a prática da homossexualidade pode ameaçar seriamente as vidas e o bem-estar de um grande número de pessoas. Também se culpou a carta que, mesmo aceitando a distinção entre condição e atividade homossexual, não deixou claro até onde se estende o conceito de atividade e continuou projetando uma compreensão da condição homossexual como patologia.

c. Considerações sobre Propostas de Leis não Discriminatórias (1992)

Com esse documento sobre "*Algumas Considerações Ligadas à Resposta a Propostas de Lei sobre a não Discriminação das Pes-*

soas Homossexuais"[188], pretendeu-se intervir nos debates acerca das modificações legais para superar discriminações históricas contra as pessoas homossexuais. O documento eclesial tinha também o interesse de evitar "o impacto negativo" que essas iniciativas legais pudessem ter sobre a família e sobre a sociedade. Como era de se esperar, sublinham-se novamente os critérios éticos contidos nos documentos precedentes: qualificação dos atos homossexuais como "intrinsecamente desordenados"; negação das relações homossexuais como "opção moralmente aceitável"; afirmação do grande perigo que a atividade homossexual pode representar para a natureza e os direitos da família.

Partindo da afirmação que "a tendência homossexual é uma desordem objetiva e exige uma preocupação moral", fazem-se aplicações pertinentes ao campo dos ordenamentos jurídicos. Propõem-se três critérios:

- "Existem âmbitos nos quais não é discriminação injusta considerar a tendência sexual"; por exemplo, em questões de adoção, magistério ou serviço militar.
- Alguns direitos podem ser "legitimamente limitados devido a um comportamento externo objetivamente desordenado". Esta atuação, às vezes, não somente é lícita, mas obrigatória, para se proteger o bem comum.
- Na declaração dos direitos humanos, "não existe um direito à homossexualidade", pelo que não deveria consti-

---

[188] L'OSSERVATORE ROMANO, 24/07/1992, p. 4.

tuir-se como base para reivindicações judiciais a fim de fazer uma promoção da homossexualidade.

Em relação ao conteúdo desse documento é oportuno relatar aqui a reação de João Paulo II diante da resolução do Parlamento Europeu (8 de fevereiro de 1994) em favor da igualdade dos direitos das pessoas homossexuais, pedindo uma equiparação entre as uniões homossexuais e o matrimônio heterossexual[189].

Na alocução após o *Angelus* de 20 de fevereiro de 1994[190], João Paulo II juntou-se ao interesse do parlamento Europeu pelas pessoas homossexuais, porém opôs-se à aprovação jurídica da prática homossexual. "Toda pessoa humana é digna de respeito. O que não é moralmente admissível é a aprovação jurídica da prática homossexual." Acrescentou, "o Parlamento conferiu indubitavelmente um valor institucional a uns comportamentos desviados, não conformes ao plano de Deus", ao fragilizar os direitos fundamentais da família e das crianças suscetíveis de adoção.

No mesmo contexto, devem ser interpretadas as palavras críticas do papa frente à "provocação" da Manifestação Gay em Roma por ocasião do Grande Jubileu do ano 2000[191].

Nos posicionamentos anteriores, tanto da CDF (1992) como de João Paulo, observou-se um perigo de "extrapolação"

---

[189] Resolução aprovada por 159 votos a favor, 95 contra e 18 abstenções (de um total de 519 membros do Parlamento). Cf. L. LORENZETTI, *Parlamento Europeo e Persone Omossssuali*: "Rivista di Teologia Morale 26" (1994), p. 261-264; G. PERICO, *Il Parlamento Europeo e i Diritti degli Omossessuali*: "Aggiornamenti Sociali 45" (1994), p. 593-604; P. FERRARI DA PASSANO, *Omossessualità e Diritto*: "La Civiltà Cattolica 145" (1994) II, p. 17-27.
[190] Texto em: "La Documentation Catolique 94" (1994), p. 307-308.
[191] Cf. EDITORIALE, *Il "World Gay pride" e la Chiesa*: "La Civiltà Cattolica n. 3601" (2000), p. 3-9.

da moral individual em relação à ética social. Ao se falar de "direitos" das pessoas homossexuais, o tema tem de ser tratado a partir dos pressupostos da ética social e não somente a partir das compreensões antropológicas e religiosas que se tenham da condição homossexual. Por outro lado, no documento da CDF de 1992 (e no de 1986) não se acrescenta nenhuma novidade em relação ao que fora expresso em 1975[192].

d. Considerações sobre as Uniões entre Pessoas Homossexuais (2003)

Em 3 de junho de 2003, a Sagrada Congregação para a Doutrina da Fé publicou algumas Considerações sobre os Projetos de Reconhecimento Legal das Uniões entre Pessoas Homossexuais[193]. Essas considerações, a juízo da referida Congregação, "não contêm elementos doutrinais novos; entendem apenas recordar os pontos essenciais sobre o referido problema e fornecer algumas argumentações de caráter racional, que possam ajudar os Bispos a formular intervenções mais específicas, de acordo com as situações particulares das diferentes regiões do mundo. Intervenções destinadas a proteger e promover a dignidade do matrimônio, fundamento da família, e a solidez da sociedade, de que essa instituição é parte constitutiva" (n. 1).

---

[192] Ch. E. Curran, *History and Contemporary Issues:* "Studies in Moral Theology" (New York, 1996), p. 140-157.
[193] Texto oficial em italiano, com título também em latim, em "AAS 96" (2004), p. 41-49 ("Nota de Contubernalibus eiusdem sexus quoad iuridica consectaria cotubernii"). Tradução Castelhana em: "Ecclesia n. 3.165-3.166" (9 e 16 de agosto de 2003), p. 32-34.

– Partindo da concepção cristã do matrimônio (n. 1-2), afirma-se que "não existe nenhum fundamento para equiparar ou estabelecer analogias, mesmo remotas, entre as uniões homossexuais e o plano de Deus sobre o matrimônio e a família. O matrimônio é santo, ao passo que as relações homossexuais estão em contraste com a lei moral natural" (n. 4).

– Como consequência da afirmação precedente, "em presença do reconhecimento legal das uniões homossexuais ou da equiparação legal das mesmas ao matrimônio, com acesso aos direitos próprios deste último, é um dever opor-se-lhe de modo claro e incisivo. Há que se abster de qualquer forma de cooperação formal na promulgação ou aplicação de leis tão gravemente injustas e, na medida do possível, abster-se também da cooperação material no plano da aplicação. Nesta matéria, cada qual pode reivindicar o direito à objeção de consciência" (n. 5).

– A exigência de uma atitude tão drástica deve basear-se em argumentos de notável valor. O documento os separa em quatro ordens da realidade e da argumentação: ordem nacional (n. 6), ordem biológica e antropológica (n. 7), ordem social (n. 8) e ordem jurídica (n. 9).

– Apelando de modo particular para a consciência dos políticos católicos (n. 10), o documento conclui com a seguinte afirmação: "reconhecer legalmente as uniões homossexuais ou equipará-las ao matrimônio significaria não só aprovar um comportamento errado, com a consequência de convertê-lo num modelo para a sociedade atual, mas também ofuscar valores fundamentais que fazem parte do patrimônio comum da humanidade. A

Igreja não pode abdicar de defender tais valores, para o bem dos homens e de toda a sociedade" (n. 11).

– A condenação das uniões entre pessoas homossexuais traz também implícita a condenação da "habilitação de tais uniões para a adoção de filhos".

2. Outros documentos romanos

a. Congregação para a Educação Católica

O documento da Congregação para a Educação Católica, Orientações Educativas Sobre o Amor Humano (1º de novembro de 1983)[194], trata a questão da homossexualidade com um tom educativo e pedagógico (n. 101-103):

– Situa a homossexualidade no contexto de uma antropologia evolutiva e pede que seja analisada com toda a objetividade: "a homossexualidade, que impede à pessoa de alcançar a sua maturidade sexual, seja do ponto de vista individual, como interpessoal, é um problema que deve ser assumido pelo sujeito e pelo educador, quando se apresentar o caso, com toda a objetividade" (n. 101).

– Oferece orientações para individuar os fatores que estão na base da condição homossexual. "Será tarefa da família e do educador procurar, sobretudo, individua-

---

[194] Tradução Castelhana em "Ecclesia n. 2.155" (1983), p. 1621-1635.

lizar os fatores que levam à homossexualidade, descobrir se se trata de fatores fisiológicos ou psicológicos, se esta é resultado de uma falsa educação ou da falta de uma evolução sexual normal, se provém de um hábito contraído ou de maus exemplos ou de outros fatores" (n. 102).

– Insiste na necessidade de proporcionar ajuda às pessoas. "Descobertas e entendidas as causas, a família e os educadores devem proporcionar uma ajuda eficaz no processo de crescimento integral, acolhendo com compreensão, criando um clima de confiança, encorajando o indivíduo à libertação e ao domínio de si, promovendo um autêntico esforço moral para a conversão ao amor de Deus e do próximo; sugerindo, se for necessário, a assistência médico-psicológica de uma pessoa que atenda e respeite os ensinamentos da Igreja" (n. 103).

b. Catecismo da Igreja Católica

Dedica três números à questão da homossexualidade (2357-2359). Deve-se destacar que o Catecismo não situa a homossexualidade no parágrafo das "ofensas à castidade", mas a expõe em um número autônomo sob a epígrafe de "castidade e homossexualidade".

– São feitas duas afirmações sobre o significado antropológico da condição homossexual: 1) Definição: "a homossexualidade designa as relações entre homens ou mulheres, que experimentam uma atração sexual exclusiva ou predominante para pessoas do mesmo sexo" (n. 2357). 2) Origem: "sua gênese psíquica continua em grande parte por explicar" (n. 2357). 3) Condição homossexual (caráter instintivo, número apreciável, prova): "um número considerável de homens e de mulheres apresenta tendências homossexuais profundamente radicadas. Esta propensão, objetivamente desordenada, constitui, para a maior parte deles, uma provação" (n. 2358). 4) Formas: "tem-se revestido de formas muito variadas, através dos séculos e das culturas" (n. 2357).

– Avaliação moral: "apoiando-se na Sagrada Escritura, que os apresenta como depravações graves (cf. Gn 19,1-29; Rm 1,24-27; 1Cor 6,10; 1Tm 1,10), a Tradição sempre declarou que 'os atos de homossexualidade são intrinsecamente desordenados' (CDF, Declaração 'Persona Humana'). São contrários à lei natural, fecham o ato sexual ao dom da vida, não procedem de uma verdadeira complementaridade afetiva sexual, não podem, em caso algum, ser aprovados" (n. 2357).

– O ideal normativo da castidade: "as pessoas homossexuais são chamadas à castidade. Pelas virtudes do autodomínio, educadoras da liberdade interior, e, às vezes, pelo apoio de uma amizade desinteressada, pela oração e pela graça sacramental, podem e devem aproximar-se, gradual e resolutamente, da perfeição cristã" (n. 2359).

– Atenção pastoral: "devem ser acolhidos com respeito, compaixão e delicadeza. Evitar-se-á, em relação a eles, qualquer sinal de discriminação injusta" (n. 2358).

c. Pontifício Conselho para a Família (1995)

No extenso documento do Pontifício Conselho para a Família, intitulado *Sexualidade Humana: Verdade e Significado* (8 de dezembro de 1995), não faltam alusões à condição homossexual. Dela faz-se uma consideração específica no número 104.

Além de recolher a doutrina oficial expressa em textos precedentes do Magistério Eclesiástico, de modo especial na Declaração da CDF "Persona Humana" (1975) e no Catecismo da Igreja Católica (1992), esse documento do Pontifício Conselho para a Família sublinha os seguintes aspectos (sempre no citado n. 104):

– "É preciso distinguir a tendência, que pode ser inata, e os atos de homossexualidade, que 'são intrinsecamente desordenados' ("Persona Humana", n. 8) e contrários à lei natural (Catecismo da Igreja Católica, n. 2357)".

– "Muitos casos, especialmente quando a prática de atos homossexuais não se estruturou, podem ser ajudados positivamente por meio de uma terapia apropriada. De qualquer maneira, as pessoas que estão nesta condição devem ser acolhidas com respeito, dignidade e delicadeza, evitando todas as formas de injusta discriminação."

– "Os pais, por seu lado, no caso de perceberem nos filhos, em idade infantil ou adolescente, o aparecimento de tal tendência ou dos comportamentos com ela relacionados, façam-se ajudar por pessoas especializadas e qualificadas para darem todo o auxílio possível."

d. Pontifício Conselho para a Família (2000)

Num documento intitulado *Família, Matrimônio e "Uniões de Fato"*, esse Pontifício Conselho aborda monograficamente a questão das "uniões de fato"[195]. Neste contexto geral, também se avaliam as uniões de fato entre pessoas homossexuais. No número 23, expõe-se com claridade a postura oficial católica, aludindo a outros textos pontifícios e episcopais.

"A verdade sobre o amor conjugal permite compreender também as graves consequências sociais da institucionalização da relação homossexual. 'Torna-se patente quão incongruente é a pretensão de atribuir uma realidade conjugal à união entre pessoas do mesmo sexo. Opõe-se a isto, antes de tudo, a impossibilidade objetiva de fazer frutificar o matrimônio mediante a transmissão da vida, segundo o projeto inscrito por Deus na própria estrutura do ser humano. Igualmente se opõe a isto a ausência dos pressupostos para a complementaridade interpessoal querida pelo Criador, tanto no plano físico-biológico como no eminentemente psicológico entre o homem e a mulher' (Bispos Franceses). O matrimônio não pode ser reduzido a uma condição semelhante à de uma relação homossexual; isto é contrário ao sentido comum (ibid.). No caso das relações homossexuais que reivindicam ser consideradas união de fato, as consequências morais e jurídicas alcançam uma especial relevância. 'As uniões de fato entre homossexuais, além disso, constituem uma deplorável distorção do que deveria ser a comunhão de amor e vida entre um homem com uma mulher,

---

[195] PONTIFÍCIO CONSELHO PARA A FAMÍLIA, *Família, Matrimônio e "Uniões de Fato"* (21 de novembro de 2000).

que se empenham ao dom recíproco de si e se abrem à geração da vida' (João Paulo II). Todavia é muito mais grave a pretensão de equiparar essas uniões ao 'matrimônio legal', como promovem algumas iniciativas recentes (Parlamento Europeu). E se isto ainda não bastasse, pretende-se tornar legal a adoção de crianças no contexto das relações homossexuais acrescentando-se a tudo um elemento de grande periculosidade (Bispos Franceses). 'Não pode constituir uma verdadeira família o vínculo entre dois homens ou entre duas mulheres, e muito menos se pode atribuir a essa união o direito de adotar crianças sem família' (João Paulo II). Recordar a transcendência social da verdade sobre o amor conjugal e, por conseguinte, o grave erro que seria o reconhecimento ou inclusive a equiparação do matrimônio às relações homossexuais não supõe discriminar de modo algum essas pessoas. É o próprio bem comum da sociedade que exige que as leis reconheçam, favoreçam e protejam a união matrimonial com base na família que se viria deste modo prejudicada (Bispos Espanhóis)."

e. *Instrução da Congregação para a Educação Católica sobre Sacerdócio e Homossexualidade (2005)*

Com data de 4 de novembro de 2005, a Congregação para a Educação Católica publicou uma "*Instrução sobre os Critérios de Discernimento Vocacional Acerca das Pessoas com Tendências Homossexuais e da sua Admissão ao Seminário e às Ordens Sacras*"[196]. O documento "não pretende deter-se sobre todas as

---

[196] Tradução Castelhana: "Ecclesia n. 3.287" (10 de dezembro de 2005).

questões de ordem afetiva ou sexual que requerem um discernimento atento durante todo o período da formação" dos candidatos ao sacerdócio. Centra-se em uma única questão: "contém normas acerca de uma questão particular, que a situação atual tornou mais urgente, isto é, a admissão ou não ao Seminário e às Ordens sacras dos candidatos que tenham tendências homossexuais profundamente radicadas" (Introdução).

A resposta é negativa. As razões desta negativa são, basicamente, duas. Em primeiro lugar, o sacerdote tem de possuir uma "maturidade afetiva" que o capacite para "estabelecer uma correta relação com homens e com mulheres, desenvolvendo nele um verdadeiro sentido da paternidade espiritual em relação à comunidade eclesial que lhe será confiada" (n. 1). A condição homossexual tornaria o candidato varão incapaz de chegar a essa maturidade. Em segundo lugar, partindo do pressuposto que os atos homossexuais (homogenitais) são "intrinsecamente imorais e contrários à lei natural" e que "as tendências homossexuais profundamente arraigadas são também objetivamente desordenadas", deduz-se que não se pode admitir ao sacerdócio "aqueles que praticam a homossexualidade, apresentam tendências homossexuais profundamente radicadas ou apoiam a chamada cultura gay" (n. 2). Corrobora-se a afirmação precedente com duas constatações: "estas pessoas encontram-se, de fato, numa situação que obstaculiza gravemente um correto relacionamento com homens e mulheres"; e, "de modo algum, hão de se transcurar as consequências negativas que podem derivar da Ordenação de pessoas com tendências homossexuais profundamente radicadas" (n. 2). Situação distinta é a daquelas pessoas que têm "tendências homossexuais" de caráter transitório, as quais, todavia, "devem ser claramente superadas, pelo menos três anos antes da Ordenação diaconal" (n. 2).

Esse posicionamento da Congregação para a Educação Católica recebeu comentários de variados tons e de conteúdos diversos: desde a aceitação entusiástica até a rejeição irada. Os comentaristas mais sérios têm oferecido perspectivas que não podem simplesmente ser recusadas nem deixar de ser consideradas[197]. Entre as contribuições oferecidas, destaco as seguintes:

• Podemos perguntar-nos pelo significado objetivo dos conceitos e categorias que o documento utiliza: o que significa "tendências homossexuais profundamente radicadas" frente às "tendências homossexuais que são expressão de um problema passageiro"? Tem algum sentido falar de pessoas que "sustentam a assim chamada cultura gay"?

• Persistem, além do mais, as questões sobre algumas afirmações que esse documento retoma de outros precedentes, como, por exemplo, a asserção de que as tendências homossexuais profundas "são objetivamente desordenadas".

• Por outro lado, não se vê a relação que possa ter a condição homossexual com a realidade masculina (e com a conseguinte simbologia de "paternidade") que é inerente, atualmente, ao candidato ao sacerdócio.

---

[197] Entre as reações: EDITORIAL, *For What It's Worth, our Condolence: National Catholic Reporter*, December 9, 2005. Comentários: G. MOCELLIN, *La Cultura Gay:* "Il Regno 22" (2005), p. 732-734; P. BELDERRAIN, *Ministerio y Homosexualidad: un Tema que Seguir Clarificando:* "Vida Religiosa 101" (2006), p. 108-111; J. VICO, *Sacerdocio y Homosexualidad. A Propósito de una Instrucción de la Congregación para la Educación Católica:* "Moralia 29" (2006), p. 65-82. Comentários "oficiosos": T. ANATRELLA, *Riflessioni sul Documento:* "L'Osservatore Romano", 30/11/2005, p. 5-6; "La Documentation Catholique n. 2.349" (2006), p. 27-33. Dossiês de reações e de comentários breves (entre os quais, os dos bispos Lehmann, Murphy – O'Connor, McCarrick, Skylstad, do ex-mestre geral OP Radcliffe etc.): ADISTA, 10 de dezembro de 2005) p. 2-15; "La Documentation Catholique 103" (2006) n. 2349, p. 24-39.

• Tudo isso sem contar com a experiência, em muitos casos positiva, de pessoas homossexuais que viveram e vivem o ministério sacerdotal com coerência e com compromisso eclesial.

3. Documentos episcopais

Abundam os documentos episcopais sobre as questões morais e jurídicas relativas aos comportamentos das pessoas homossexuais. Destacam-se os seguintes:

– COMISSÃO PERMANENTE DA CONFERÊNCIA EPISCOPAL ESPANHOLA – *Matrimônio, Família e Uniões Homossexuais* (1994)

Esse documento opõe-se à equiparação das uniões homossexuais à instituição jurídica do matrimônio[198]. "O amor que se pode dar entre pessoas homossexuais não deve ser confundido com o genuíno amor conjugal, simplesmente porque não pertence a esta espécie singular de amor." Também se opõe à adoção por parte dos pares homossexuais, uma vez que pode acarretar "graves dificuldades no desenvolvimento da personalidade da criança". A esse documento, seguiram-se outras intervenções sobre a mesma temática. Entre as quais sobressai a Nota do Comitê Executivo, de 15 de julho de 2005, sobre a iniciativa

---

[198] Texto em "Ecclesia n. 2.694" (1994), p. 1116-1119.

parlamentar do partido socialista para impulsionar o reconhecimento legal do matrimônio entre pessoas do mesmo sexo[199]. Durante a tramitação da lei e por motivo de sua aprovação e ulterior execução (questão sobre a objeção de consciência), a assessoria de imprensa da Conferência Episcopal Espanhola emitiu diversas Notas de Imprensa (1º de outubro de 2004, 30 de dezembro de 2004, 5 de maio de 2005, 30 de junho de 2005) nas quais se remete aos documentos anteriormente comentados.

– CARDEAL B. HUME (1995)

Esse Cardeal, na ocasião presidente da Conferência Episcopal da Inglaterra e Gales, publicou uma Nota na qual re--elaborava um documento prévio intitulado "*Observações sobre o Ensinamento da Igreja Católica sobre as Pessoas Homossexuais*"[200]. Esta intervenção teve uma ressonância especial tanto pela fonte de onde procedia como pelos matizes que introduzia na proposta oficial católica sobre a homossexualidade. Podem-se destacar os aspectos seguintes:

– Reconhecimento da "dignidade de toda pessoa, não definida nem catalogada em função de sua orientação sexual", já que "a pessoa humana não pode encontrar sua figura adequada somente numa redução à sua orientação sexual".

---
[199] Texto em "Ecclesia n. 3.216" (31 de julho de 2005), p. 9-10.
[200] Tradução francesa da Nota em: "La Documentation Catholique n. 2115" (1995), p. 444-447.

– Como em outros documentos eclesiais, afirma-se que a expressão sexual do amor está destinada "a encontrar seu lugar unicamente no matrimônio entre um homem e uma mulher", além de "estar aberta à eventual transmissão de uma nova vida", razão pela qual "a Igreja não aprova os atos genitais homossexuais, mesmo quando, em numerosos sistemas jurídicos atuais, já não sejam considerados delitivos".

– Feita a distinção entre a orientação homossexual e a atividade sexual, afirma-se que "a orientação particular da pessoa homossexual não é uma falta moral". A qualificação de "desordenada" (tal como se emprega nos documentos do magistério), que pode sugerir uma situação pecaminosa que parece indicar uma deterioração da pessoa, "emprega-se para descrever uma inclinação que afasta daquilo que geralmente é considerado como norma. Ser uma pessoa homossexual não é, pois, nem bom nem moralmente mau; são os atos genitais homossexuais que são moralmente maus".

– Quanto à atividade homossexual, a Igreja Católica não pode reconhecer entre os direitos fundamentais do ser humano o direito reivindicado por alguns de cometer atos que, de acordo com seu ensinamento, são "moralmente maus", ainda que "a Igreja ponha-se em guarda contra toda generalização no juízo dos casos particulares". Além disso, a Igreja "tem a grande responsabilidade de trabalhar pela eliminação de todas as injustiças cometidas contra os homossexuais pela sociedade"; tem de condenar "a violência em palavras ou em atos contra os homossexuais".

– Carta da Comissão para o Matrimônio e Família da Conferência Nacional dos Bispos Católicos dos EE.UU. (1997)

Trata-se de uma cálida mensagem, com o título *Continuam sendo nossos Filhos* (1997), dirigida aos pais com filhos homossexuais[201].

Os bispos, depois de reconhecer os possíveis sentimentos que podem surgir nos pais quando descobrem a homossexualidade de um filho (alívio, cólera, dor, medo, culpabilidade, vergonha, solidão, hiperproteção, orgulho), dirigem esta mensagem às famílias: "Aceitai e amai vossos filhos homossexuais", "Amai-os e reconhecei-os como dom de Deus".

Assumem a distinção entre "condição homossexual" e "comportamento homossexual". E acrescentam: "por conseguinte, considerando esta distinção, parece que se pode compreender a orientação sexual (heterossexual ou homossexual) como uma dimensão fundamental da personalidade e reconhecer sua relativa estabilidade na pessoa. Uma orientação homossexual produz uma atração emotiva e sexual mais forte para indivíduos do mesmo sexo que para os do sexo oposto. Isso não exclui totalmente o interesse pelos membros do sexo oposto, nem a atenção e atração para estes. O fato de ter uma orientação homossexual não significa necessariamente que a pessoa queira exercer uma atividade homossexual".

---

[201] Texto original em: "Origins 27" (1997), p. 287-289; tradução castelhana em: "Ecclesia n. 2.885" (1998), p. 34-38.

Por conseguinte, a orientação homossexual como tal não pode ser considerada como pecado, já que o juízo moral supõe liberdade de escolha. Recorda também que "toda pessoa possui uma dignidade intrínseca porque foi criada à imagem de Deus" e que "somente o marco do matrimônio permite às relações sexuais simbolizar plenamente o duplo desígnio do Criador".

A atuação dos pais consistirá em "ajudar a seus filhos homossexuais a cooperar com a graça de Deus para viver uma vida casta", centrando-se "na pessoa e não em sua orientação homossexual".

- DOCUMENTO DA CONFERÊNCIA EPISCOPAL DOS BISPOS SUÍÇOS SOBRE A BÊNÇÃO DAS "UNIÕES HOMOSSEXUAIS" (2002)

Nesse Documento dos bispos suíços aborda-se uma questão delicada, porém nem por isso menos necessitada de iluminação[202]. Os bispos a formulam com clareza: "casais homossexuais que querem estabelecer uma união duradoura pedem à Igreja que abençoe sua união. Da mesma maneira, pessoas que vivem em união homossexual pedem para estar comprometidas no serviço da Igreja. Nós não assumiríamos nossa responsabilidade se não respondêssemos claramente a esta questão" (n. 1).

- Não se pode responder à pergunta sem se considerar os dados bíblicos e teológicos. A respeito dos primeiros: "o

---

[202] Tradução castelhana do texto em "Ecclesia n. 3.139" (8 de fevereiro de 2003), p. 37-38.

testemunho das Sagradas Escrituras não é fácil de interpretar. Apesar disso, a afirmação bíblica não deixou de ser significativa porque o contexto mudou e porque adquirimos uma compreensão mais profunda da homossexualidade. A constatação de São Paulo, de uma contradição com a ordem objetiva da criação, continua sendo atual" (n. 2). Do ponto de vista teológico, "falta à homossexualidade uma dimensão essencial fundada no ato criador [a dimensão procriadora]; por este motivo, não pode pôr-se no mesmo nível que o amor heterossexual" (n. 2).

– Os bispos suíços não se opõem a um ordenamento jurídico das uniões homossexuais, ainda que defendam "que o caráter único do matrimônio entre homem e mulher seja protegido pela jurisdição do Estado de maneira incondicional" (n. 3).

– Para os cristãos, "em nenhum caso uma união homossexual pode pôr-se no mesmo nível que o sacramento do matrimônio, mesmo que se mantenha por valores de amizade e fidelidade" (n. 3). Poderia receber tal união uma bênção sacramental? "Nós os bispos, temos convicção profunda de que pessoas homossexuais podem ser abençoadas, mas não a contração de uma união homossexual. Semelhante rito poderia assemelhar-se ao matrimônio sacramental e prestar-se a confusão" (n. 3).

– Quanto ao compromisso na Igreja por parte de pessoas unidas em casais homossexuais: "Uma predisposição homossexual vivida em continência não exclui do ministério eclesial; uma continência vivida fielmente pode inclusive anunciar um carisma particular igual ao celibato livremente escolhido (...). A união de vida de pessoas homossexuais não dá o exemplo que devem dar à comunidade cristã pessoas ao serviço da pastoral da Igreja (...). No caso de uma união homossexual, o falso testemunho não se dá somente por uma falha pessoal individual, senão em primeiro lugar, pela forma de vida e da união mesma, que, objetivamente, não corresponde à ordem estabelecida por Deus" (n. 4).

— SOBRE A LEGALIZAÇÃO DAS UNIÕES HOMOSSEXUAIS E SUA EQUIPARAÇÃO JURÍDICA AO MATRIMÔNIO

Ante o fenômeno do reconhecimento jurídico das uniões homossexuais e, em alguns casos (como na Holanda, Espanha, Bélgica, Canadá etc.), da equiparação jurídica dessas uniões ao matrimônio, não se fizeram esperar as reações dos bispos. Já foram consideradas algumas delas. Convém assinalar outras novas[203].

Em fevereiro de 2005, a Conferência Episcopal do Canadá publicou uma Carta na qual se opunha à redefinição jurídica do matrimônio para incluir sob esse conceito as uniões homossexuais. Diziam: "a redefinição do matrimônio ofende não somente à fé e à prática dos católicos e outros canadenses, como também tem enormes consequências civis e sociais para todos"[204].

---

[203] Pode-se ver o DOSSIÊ, *Le mariage union d'un homme et d'une femme:* "La Documentation Catholique 102" (2005) n. 2.332, p. 271-278.
[204] Texto, em tradução castelhana, em: "Ecclesia n. 3.264" (2 de julho de 2005), p. 36.

Nesse contexto há que recordar a resolução do Parlamento Europeu (2006/0018) "sobre a homofobia na Europa", na qual convoca os governos da União Europeia para revisarem suas legislações sobre casais do mesmo sexo. A Comissão de Episcopados da Comunidade Europeia (COMECE) alertou sobre essa iniciativa e pediu aos diversos episcopados que reagissem com mensagens contrárias a ela. Assim começaram a fazer alguns deles: Polônia, Espanha etc.[205]. O papa Bento XVI também se pronunciou em várias ocasiões contra os intentos jurídicos de confundir o matrimônio "com outros tipos de uniões baseados sobre um amor débil".

4. Balanço

A doutrina do Magistério Eclesiástico sobre a homossexualidade pode ser resumida em quatro pontos:

– O magistério distingue entre a orientação homossexual e a atividade homossexual. Enquanto a condição homossexual em si mesma não aparece desqualificada, desqualificam-se expressamente os atos homossexuais, ainda que se insista na prudência em sua avaliação. A Carta aos bispos de 1986 considera a orientação homossexual como "objetivamente desordenada", por levar a um comportamento moralmente inaceitável. Entretanto, o Catecismo de 1992 não recolhe este aspecto da Carta, que foi muito criticado pelos setores homossexuais.

---

[205] A reação do episcopado espanhol: *Nota do Comité Ejecutivo de la Conferencia Episcopal Española* (11 de maio de 2006): "*Ecclesia* n. 3.310" (20 de maio de 2006), p. 7.

– No Catecismo aparecem com clareza os argumentos que justificam essa desqualificação da atividade homossexual: seu caráter não natural; a falta de complementaridade afetivo-sexual; e a falta de abertura para a transmissão da vida.

– Os posicionamentos do magistério insistem na necessidade de se manter atitude de compreensão e de não discriminação para com as pessoas homossexuais.

– Em relação aos direitos sociais dos casais homossexuais, o magistério reconhece certos direitos, porém opõe-se abertamente à sua equiparação ao matrimônio heterossexual, ao mesmo tempo em que, baseando-se no bem da criança, rejeita que se conceda aos pares homossexuais a possibilidade de adoção ou o acesso às novas técnicas de reprodução humana assistida.

Ao término dessa exposição a respeito da doutrina do magistério eclesiástico sobre a homossexualidade, convém fazer duas observações. Em primeiro lugar, é preciso constatar que nem todas as afirmações conseguem o mesmo grau de assentimento por parte dos crentes e dos teólogos[206]. Em segundo lugar, o ensinamento do magistério apoia-se sobre os dados da revelação tal como são transmitidos pela Escritura e pela Tradição. A Instrução da Congregação para a Educação Católica (4 de novembro de 2005) recorda isso ao precisar que "na Sagrada Escritura (os atos homossexuais) são apresentados como pecados graves" e que "a Tradição sempre os tem considerado intrinsecamente imorais e contrários à lei natural"[207]. A dificuldade encontra-se na verificação exata dessas fontes de transmissão.

---

[206] S. J. POPE, The Magisterium's Arguments Against "Same-Sex-Marriage": An Ethical Analysis and Critique: "Theological Studies 65" (2004), p. 530-565.

[207] CONGREGAÇÃO PARA A EDUCAÇÃO CATÓLICA, Instrução sobre os Critérios de Discernimento Vocacional em Relação às Pessoas de Tendências Homossexuais..., n. 2: "Ecclesia n. 3.287" (10 de dezembro de 2005), p. 30.

— 9 —

O ESTADO DA QUESTÃO ENTRE OS TEÓLOGOS CATÓLICOS

Refletiu-se muito nas últimas décadas, tanto na teologia católica[208] como na teologia de outras Igrejas e Confissões[209], sobre a homossexualidade e o cristianismo. Foram discutidas as bases bíblicas e tradicionais da questão. Analisaram-se os problemas concretos; por exemplo: a moralidade dos canais de realização pessoal das pessoas homossexuais, concretamente a moralidade das relações homogenitais; os "direitos" devidos às pessoas homossexuais; o reconhecimento jurídico-social das uniões homossexuais e sua equiparação jurídica ao matrimônio; a possibilidade de se constituir família através da adoção ou do uso das técnicas de reprodução humana assistida; a coerência da condição homossexual com o sacerdócio e com a vida religiosa[210].

---

[208] Pode-se ver o extenso boletim bibliográfico sobre o estado da questão na moral católica elaborado por J. F. Keenan, *The Open Debate: Moral Theology and the Lives on Gay and Lesbian Persons:* "Theological Studies 64" (2003), p. 127-150. A essa recensão bibliográfica poderiam-se acrescentar outros títulos como: G. Moore, *A Question of Truth. Christianity and Homosexuality* (London, 2003); P. G. Crowley, *Homosexuality and the Counsel of the Cross:* "Theological Studies 65" (2004), p. 500-529.
[209] Entre muitos outros estudos, veja: "Ecumenical Review 50" (1998) n. 1: *Homosexuality*.
[210] Se tivesse de selecionar algum título para os temas indicados, escolheria a seleção seguinte: Para os direitos dos homossexuais: R. Peddicord, *Gay and Lesbian Rights. A Question: Sexual*

Por parte dos moralistas católicos, a questão da homossexualidade tem sido abordada e, de modo especial, a moralidade das relações homossexuais, com sensibilidades e com orientações diversas. Em referência à produção teológica das décadas posteriores ao Vaticano II[211], dividi as contribuições dos moralistas católicos em três grupos:

– Os que repetem a doutrina católica oficial, algumas vezes com expressões mais duras que as utilizadas pelo próprio magistério católico e sem enfatizar os matizes que este apresenta.

– Aqueles que, em princípio, mantendo a avaliação negativa, procuram solucionar as situações concretas com misericórdia pastoral e abertura de pensamento. Essa postura "aggiornata" é sustentada pelos moralistas sensíveis aos dados da psicologia (A. Overing, G. Kempe, J. Vermeulen, H. Ruygers, M. Oraison etc.), às urgências pastorais (G. Hamaieer, R. W. Gleason etc.) e às contribuições personalistas da cultura atual (F. Böckle, L. Rossi, B. Häring, D. Fassnacht etc.).

Ethics or Social Justice? (Kansas City, 1996). Para as uniões homossexuais: H. ROTTER, *El Reconocimiento Jurídico de las Parejas Homosexuales:* "Selecciones de Teologia 42" (2003), n. 168, p. 337-342. Para a equiparação jurídica das uniões homossexuais ao matrimônio: T. ANATRELLA, Homosexualité et Mariage (Paris, 2004); X. LACROIX, *En Torno al "Matrimonio Homosexual":* "Razón y Fe 251" (2005), p. 173-185. Para a questão da adoção por parte de pares homossexuais: G. PERICO, *L'Adozione a Persone Sole?:* "Civiltà Cattolica 146" (1995) II, p. 17-25; "Aggiornamenti Sociali 46" (1995), p. 251-258. Sobre a posição das pessoas homossexuais na comunidade cristã: *Associazione Italiana "Noi Siamo Chiesa", Il Posto Dell'Altro. Le Persone Omosessuali nelle Chiese Cristiane* (Molfeta, 2000). Sobre a coerência entre a condição homossexual e o sacerdócio: J. SAN JOSÉ PRISCO, *La Homosexualidad: Criterio para el Discernimiento Vocacional:* "Seminarios 48" (2002), p. 529-551. Sobre a coerência entre a condição homossexual e vida religosa: C. DOMINGUEZ, *La Homosexualidad en el Sacerdocio y en la Vida Religiosa:* "Sal Terrae 90" (2002), p. 129-140.
[211] M. VIDAL, *Moral de Atitudes. 2º volume / 2º parte. Moral do amor e da sexualidade* (Aparecida-SP, 1981⁴), p. 241-265.

— Também há moralistas católicos que adotam uma postura moral "revisionista", optando por uma reproposição radical do tema (Herman van Spijker, John McNeill, A. Kosnick e outros).

As mais recentes reflexões dos moralistas católicos sobre a moralidade da homossexualidade podem ainda ser enquadradas nestas três posturas: 1) A maioria dos manuais de moral católica mantém a postura oficial. 2) Sem se afastar das afirmações oficiais existem intentos de continuar "atualizando" o tema. 3) Não faltam também vozes discordantes que pedem uma revisão radical da postura católica oficial.

As orientações "atualizadoras" oferecem tímidas revisões na ordem objetiva; situam-se preferencialmente no plano subjetivo da responsabilidade. Proclama-se, às vezes de forma um tanto retórica, uma atitude de misericórdia na hora de emitir juízos morais sobre as situações e sobre os comportamentos das pessoas homossexuais[212]. Não se nega, a princípio, a responsabilidade das pessoas homossexuais; porém, chega-se a perguntar se, devido à condição homossexual, muitos comportamentos não obedecem a determinados mecanismos psíquicos de caráter compulsivo[213]. Em tal caso, a responsabilidade moral será praticamente nula[214].

---

[212] J. Vico, *Misericordia en los Juicios. A propósito de Gays y Lesbianas:* "Sal Terrae 90" (2000), p. 115-127.
[213] C. Zuccaro, *Morale Sessuale* (Bolonha, 1997), p. 71-104.
[214] G. Perico, *Problemi di Etica Sanitaria* (Milão, 1922), p. 403-406 ("a sua responsabilidade moral será quase nula", p. 405).

As posturas "revisionistas" formulam a pergunta sobre a dimensão objetiva, isto é, sobre o conteúdo mesmo da proposta moral. Há aqueles que manifestam claramente seu parecer de que a doutrina católica oficial deveria mudar de orientação e aceitar "a bondade moral das relações homossexuais, incluindo os atos homogenitais, nos casos em que os casais homossexuais se esforçam por manter-se em fidelidade"[215]. Outros pedem uma reinterpretação da categoria de "lei natural" a partir de uma concepção holística da "complementaridade humana". Reconhece-se que o valor da complementaridade é exigência da lei natural, porém esse valor não se reduz à complementaridade biológico-genital, mas inclui também a complementaridade das demais dimensões pessoais e interpessoais. Assim entendida a lei natural, quando aplicada ao ser humano, em princípio, as relações homossexuais não seriam descartáveis[216].

De minha parte, adiro à postura de um bom número de moralistas católicos sensatos[217], em cujo pensamento se combinam:

– O conhecimento dos dados antropológicos.
– O diálogo fecundo com a inteira tradição eclesial.
– A aceitação da cosmovisão cristã sobre a dignidade de toda pessoa, sobre a relação de amor e sobre a promoção do bem comum.

---

[215] Ch. E. Curran, *History and Contemporary Issues:* "Studies in Moral Theology" (New York, 1996), p. 140.
[216] T. A. Salzman, M. G. Lawles, *New Natural Law Theory and Foundational Sexual Ethical Principles. A Critique and a Proposal:* "The Heythrop Journal 47" (2006), p. 182-205.
[217] Ver, por exemplo: J. Gafo, *Cristianismo y Homosexualidad*; J Gafo (ed.), *La Homosexualidad: un debate abierto* (Bilbao, 1996), p. 200-212; G. Piana, *Ipotesi per una Reinterpretazione Antropologica-etica Dell'Omosessualità:* "Credere Oggi 20" (2000) n. 116, p. 47-56; E. López Azpitarte, *Homosexualidad, Sacerdocio, Vida Religiosa:* "Vida New n. 2509" (4 de março de 2006), p. 23-30.

Um discurso teológico-moral forjado com esses ingredientes oferece possibilidades para se repropor com *fidelidade criativa* as orientações cristãs em relação à homossexualidade. Sublinhei a expressão fidelidade criativa, já que é uma atitude que considero necessária em tempos de transformação cultural como os atuais. Atitude que, por outro lado, parece ter diminuído entre os teólogos atuais, excessivamente condicionados pela segurança do passado ou pela incerteza do futuro. Recordam-se outros momentos, não tão distantes, de maior criatividade[218], quando o pensamento se deixava guiar pelo que Karl Rahner chamava de "tuciorismo* de risco".

---

[218] E. López Azpitarte, anteriormente citado, recorda este dado: "Em uma revista de conteúdo conservador e tradicional, cujo comitê de redação era formado por vários bispos, um professor da Urbaniana de Roma, centro ao qual acorrem os seminaristas dos países de missão, escreveu num artigo digno de se ler: 'Para os que são assediados por paixões fortes, Paulo vê a solução no matrimônio. Porém, no caso da homossexualidade exclusiva, o matrimônio não é uma solução para os sujeitos em questão; ao contrário, tem de desaconselhá-lo (...). Teorias recentes no setor cristão consideram os atos homossexuais ao menos como um defeito, que se distancia muito do ideal e que deve ser evitado o quanto possível. Porém, podem-se imaginar exceções no sentido do mal menor (...). Quando por tais razões uma pessoa está convencida sinceramente de que seus atos homossexuais não são pecado (grave), não tem porque se sentir excluída da comunidade da Igreja e dos sacramentos'". O artigo é de K-H. Pesche, *Evangelio y Criterios de Ética Sexual*: "Communio 19" (1997), p. 34-48. No Conselho de redação da revista estavam D. Fernando Sebastián, D. Antonio Cañizares, D. Eugenio Romero Pose, D. Ricardo Blázquez, D. José Antonio Martinez Camino...

* N.E.: Tuciorismo: Sistema moral que, sob pena de pecado, obriga a optar pela solução mais segura, quando se oferecem duas soluções contraditórias de leitura duvidosa (in *Enciclopédia Católica Popular*, "http://www.ecclesia.pt/catolicopedia").

– 10 –

Os PONTOS CRÍTICOS
DA DOUTRINA CATÓLICA OFICIAL

Deixo fora do horizonte desta consideração a análise da presença das pessoas homossexuais na comunidade cristã em geral e, mais concretamente, na vida religiosa e no ministério ordenado. Fixo-me na postura oficial da Igreja sobre a homossexualidade enquanto realidade humana geral. Minha abordagem pretende assinalar onde estão os principais pontos críticos dessa doutrina e oferecer, a partir da aceitação leal, porém crítica, possíveis "saídas" para as dificuldades inegáveis que tal postura suscitou e continua suscitando. Recolho novamente os textos básicos do magistério, que já foram apresentados nos capítulos precedentes e dos quais foi oferecida uma referência bibliográfica correspondente.

1. A compreensão da orientação homossexual

A Congregação para a Doutrina da Fé (CDF), apesar de não enquadrá-la nos esquemas do pecado, considera a orientação homossexual como uma "constituição viciada" (1975), "objetivamente desordenada" (1986), "desordem objetiva" (1992). Justifica a manutenção dessa compreensão pelo fato de considerar que a orientação homossexual conduza a comportamentos moralmente inaceitáveis. Há de se sublinhar que o Catecismo (1992) não recolhe essa avaliação.

O coletivo de pessoas homossexuais sentiu-se "ofendido" por essa avaliação sobre sua orientação sexual. Para muitos outros, crentes e não crentes, também fica difícil aceitá-la. Por outra parte, tal afirmação parece não pertencer ao objeto direto da competência religiosa do magistério. A partir dos dados antropológicos[219], impõe-se uma reaproximação da consideração da condição homossexual como "desordem objetiva"[220].

Julgo que a "saída" para esse ponto crítico encontra-se na interpretação (1995) que o então presidente da conferência episcopal da Inglaterra e Gales, Cardeal B. Hume fez. Explicava ele: a qualificação de "desordenada" (tal como se emprega nos documentos do magistério), que pode sugerir uma situação pecaminosa ou que pareça indicar deterioração da pessoa, "emprega-se para descrever uma inclinação que se afasta do que é geralmente considerado norma. Ser uma pessoa homossexual não é, pois, nem moralmente bom nem moralmente mau". Além do mais, o "reconhecimento da dignidade de toda pessoa" não se apoia nem se define "em função de sua orientação sexual". Os bispos estadunidenses deduziram valiosas implicações para a pastoral em sua carta *Continuam Sendo nossos Filhos* (1997), dirigida aos pais com filhos homossexuais: "Aceitai e amai vossos filhos homossexuais", "Amai-os e reconhecei-os como dom de Deus".

---

[219] Para uma visão complexa da condição homossexual, cf. J. R. PRADA, *La Persona Homosexual*: "Studia Moralia 42" (2004), p. 293-335.
[220] J. A. BOSOR, *Homosexual Orientation and Anthropology: Reflections on the Category "Objective Disorder"*: "Theological Studies 59" (1998), p. 60-83.

2. Os direitos civis das pessoas homossexuais

Na carta de 1992, a CDF afirma que "existem âmbitos nos quais não é discriminação injusta considerar a tendência sexual"; por exemplo, em questões de adoção, magistério ou serviço militar. Consequentemente, alguns direitos podem ser "legitimamente limitados devido a um comportamento externo objetivamente desordenado". Por outra parte, constata-se que nas declarações dos direitos humanos "não existe um direito à homossexualidade" que possa constituir-se em base para reivindicações judiciais a fim de fazer uma promoção da homossexualidade.

Tem sido muito difícil entender essa postura católica, tanto por pessoas homossexuais como por numerosos cidadãos, sem descartar neste grupo os cidadãos crentes[221]. Os direitos civis não se apoiam sobre a condição sexual, mas sobre a dignidade da pessoa, dignidade que é igual para todos. A partir desta afirmação há de se pedir que desapareça todo sistema de discriminação (linguística, conceitual, simbólica, ideológica, jurídico-social) e que se favoreçam estruturas socioculturais para a integração social de todas as pessoas, seja qual for sua orientação sexual.

3. As uniões civis de fato

Nas Considerações sobre o reconhecimento legal das uniões entre pessoas homossexuais (2003), a CDF afirma que "não exis-

---

[221] R. PEDDICORD, *Gay and Lesbian Rights. A Question: Sexual Ethics or Social Justice?* (Kansas City, 1996).

te nenhum fundamento para equiparar ou estabelecer analogias, mesmo remotas, entre as uniões homossexuais e o plano de Deus sobre o matrimônio e a família. O matrimônio é santo, ao passo que as relações homossexuais estão em contraste com a lei moral natural". Por conseguinte, "em presença do reconhecimento legal das uniões homossexuais ou da equiparação legal das mesmas ao matrimônio, com acesso aos direitos próprios deste último, é um dever opor-se-lhe de modo claro e incisivo". A condenação das uniões entre pessoas homossexuais traz também implícita a não aceitação da "habilitação de tais uniões para a adoção de filhos".

Diante dessa global tomada de posição convém advertir que o fenômeno das uniões homossexuais reveste-se de pelo menos três formas diversas, cada uma das quais requer uma consideração moral também diversificada.

– *Trata-se simplesmente de reconhecer (social e juridicamente) as uniões de fato homossexuais.*

Começa a se advertir uma atitude mais pragmática, tanto por parte da reflexão teológico-moral como por parte do episcopado. Assim, por exemplo, os bispos suíços não se opõem a um ordenamento jurídico das uniões homossexuais, ainda que defendam "que o caráter único do matrimônio entre homem e mulher seja protegido pela jurisdição do Estado de maneira incondicional". Ante a pergunta se tais uniões poderiam receber uma bênção não sacramental, os bispos suíços respondem: "temos a convicção profunda de que as pessoas homossexuais podem ser abençoadas, mas não a contração de uma união homossexual. Semelhante rito poderia parecer-se ao matrimônio sacramental e prestar-se à confusão".

Do ponto de vista de uma ética civil, parece mais conveniente que exista uma regularização das uniões homossexuais do que deixar ao acaso da liberdade das pessoas, algumas das quais se sentiriam, em muitos casos, injustamente desprotegidas social e juridicamente[222].

Em todo caso, a legislação dessas uniões não deveria ultrapassar a determinação dos efeitos jurídicos que delas se derivam.

– *Quando se pretende uma equiparação jurídica das uniões homossexuais à categoria sociojurídica do matrimônio.*

Conforme foi exposto mais acima, a postura oficial da Igreja opõe-se taxativamente a tal equiparação. Também uma ética da sensatez pede que não "se confundam" as realidades e que a cada realidade corresponda sua própria e peculiar consideração[223]. Como assinala o eminente canonista J. M. Díaz Moreno, o matrimônio é – o que tem sido sempre em todos os contextos culturais – uma união essencialmente heterossexual fundada na mesma configuração e estrutura da pessoa sexuada. A expressão sexual, física e afetiva, daqueles que são portadores da tendência homossexual, não pode ser equiparada à expressão heterossexual. Qualificar as uniões homossexuais de matrimo-

---

[222] H. ROTTER, *El Reconocimiento jurídico de las parejas homosexuales:* "Selecciones de Teología 42" (2003) n. 168, p. 337-342. Ver também F. R. AZNAR, *Las parejas de homosexuales. Anotaciones canónicas:* "Ciência Tomista 120" (1993), p. 347-366; N. PÉREZ CANOVAS, *Homosexualidad: homosexuales e uniones homosexuales en el Derecho Español* (Granada, 1996); G. DE ROSA, *La Civiltá Cattolica "apre" la porta agili omosessuali?:* "La Civiltá Cattolica n. 3631" (2001), p. 57-61; M. KOVALEWSKI, E. SAY, *Las familias y las uniones homosexuales:* "Claves n. 142" (2004), p. 32-39.
[223] X. LACROIX, *En torno al "matrimonio homosexual":* "Razón y Fe 251" (2005), p. 173-185. Ver, também: F. D'AGOSTINO, *Matrimonio tra omosessuali?:* "Rivista di Teologia Morale 22" (1990), p. 175-181; T. ANATRELLA, *Homosexualité et mariage* (Paris, 2004).

niais e dotá-las de uma configuração jurídica igual ou semelhante ao matrimônio, suporá, como primeiro efeito nocivo, dar passagem a um equívoco absurdo[224].

– *Quando se pede que as uniões homossexuais possam tornar-se famílias, mediante a aceitação jurídica da adoção ou do uso das técnicas de reprodução humana assistida por parte do casal homossexual.*

Essa nova hipótese marca uma transformação importante na realidade das uniões homossexuais. A essa variação da realidade há de corresponder uma variação no discernimento moral de tal situação[225].

Por minha parte, subscrevo a atinada ponderação do citado canonista: "Um ponto de particular importância, neste intento de equiparação destas uniões ao matrimônio, constitui-se a pretensão de que possam, legalmente, adotar filhos, enquanto casal. Esta pretensão não pode ser legalmente admitida. Quando se exige um pai e uma mãe para o filho – e não dois pais ou duas mães – não se está estabelecendo nenhuma discriminação injusta, mas simplesmente fazendo uma referência necessária à natureza heterossexual da pessoa humana. Dar passagem a um pretenso direito do casal homossexual, esquecendo o direito fundamental de o filho nascer e crescer em um clima que favoreça e ajude sua evolução normal, não é outra coisa senão uma deplorável perver-

---

[224] J. M. Díaz Moreno, *Las familias de hecho. Aproximación a su vertiente jurídica y ética:* "Razón y Fe 236" (1997), p. 51-53.
[225] G. Perico, *L'adozione a persone sole?:* "La Civiltà Cattolica 146" (1995) II, p. 17-25 = "Aggiornamenti Sociali 46" (1995) p. 251-258; P. A. Talavera, *Las uniones homosexuales frente a la adopción:* "Sistema n. 173" (2003), p. 77-101.

são de valores, que não se justifica em nenhuma sociedade por mais pluralista que possa ser sua configuração real"[226].

4. As relações entre pessoas homossexuais

A postura da Igreja não se opõe a todas as formas de relação entre pessoas homossexuais. Pelo contrário, apoia-as e as favorece. Somente estabelece um limite: do encontro genital. O Catecismo assinala com claridade os argumentos que justificam essa desqualificação da relação genital entre pessoas homossexuais: seu caráter não natural; a falta de complementaridade afetivo--sexual; e a falta de abertura para a transmissão da vida.

Não é que se veja uma fácil "saída" para este ponto crítico. A reflexão dos teólogos introduz matizes e recorda outras perspectivas morais que os documentos oficiais dão por pressupostos e que não explicitam. Entre esses matizes, assinalam-se:

– A afirmação da carência de responsabilidade em muitos desses comportamentos, segundo assinala o Pontifício Conselho para a Família (1995).
– A consideração e a possível aceitação de um mal menor "para evitar males maiores".

Para terminar, quero deixar plasmadas duas afirmações básicas. Uma, do cardeal B. Hume: "A pessoa humana não pode encontrar sua figura adequada numa redução somente a sua orientação sexual". Outra, dos bispos norte-americanos: "Toda pessoa possui uma dignidade intrínseca porque foi criada à imagem de Deus".

---

[226] J. M. Díaz Moreno, a. c., p. 53.

BIBLIOGRAFIA

Nas notas do texto precedente foram aparecendo as correspondentes notas bibliográficas. Nesta bibliografia recolhem-se aqueles títulos que têm um significado mais prático.

1. Perspectivas históricas

- M. DUBERMAN (ed.), *Hidden From History: Reclaiming the Gay and Lesbian History Past*. Penguin Books (New York, 1989).
- J. BOSWELL, *Cristianismo, tolerancia social y homosexualidad* (Barcelona, 1993). Muchnik.
- ID., *Las bodas de la semejanza. Uniones entre personas del mismo sexo en la Europa premoderna* (Barcelona, 1996). Muchnik.

2. Antropologia

- J. A. BONSOR, *Homosexual Orientation Anthropology: Reflections on the Category "Objective Disorder"*: "Theological Studies 59" (1998), p. 60-83.

- G. PIANA, *Ipotesi per una reinterpretazione antropologico-etica dell'omosessualità*: "Credere oggi 20" (2000), p. 47-56.
- J. R. PRADA, *La Persona Homosexual*: "Studia Moralia 42" (2004), p. 293-335.

3. Contribuições atuais da ética cristã

- J. GAFO (Ed.), *La homosexualidad: un debate abierto* (Bilbao, 1997). Desclée de Brouwer.
- Credere oggi 20 (2000), n. 116.
- Sal Terrae 90 (2002), n. 2: "La homosexualidad: Debate abierto y actual".
- J. F. KEENAN, *The Open Debate: Moral Theology and the Lives on Gay and Lesbian Persons*: "Theological Studies 64" (2003), p. 127-150.
- J. A. GARCÍA-MONGE, *Comprender, ser comprendido y vivir cristianamente con identidad homosexual*: "Sal Terrae 93" (2005), p. 989-997.
- G. MORA, *Sobre l'homosexualitat. Reflexions morals amb un accent pastoral*: "Revista Catalana de Teologia 30" (2005), p. 425-442.
- *Concilium* n. 324 (2008): "Homosexualidades".

4. Magistério eclesiástico

- Carta del Comité sobre Matrimonio y Familia de la Conferencia Nacional de Obispos Católicos de EE. UU., *"Always Our Children": To the Parents of Homosexual Children*: "Origins 27" (1997), p. 287-289 = "Ecclesia n. 2.885" (1998), p. 34-38.

- CDF 1975 ("Persona humana", n. 8); 1986 (Carta a los Obispos de la Iglesia sobre la atención a las personas homosexuales"); 1992 (Carta a los Obispos de EE.UU.); 2003: *Las uniones entre personas homosexuales*: "Ecclesia n. 3.165-3.166" (9 y 16 de agosto de 2003), p. 32-35.

5. Matrimônio homossexual

- H. ROTTER, *El reconocimiento de las parejas homosexuales*: "Selecciones de Teología 42" (2003) n. 168, p. 337-342.
- T. ANATRELLA, *Homosexualité et mariage* (París, 2004).
- S. J. POPE, *The Magisterium Arguments Against "Same-Sex Marriage": An Ethical Analysis and Critique*: "Theological Studies 65" (2004), p. 530-565 = *Argumentos del magisterio contra los "matrimonios homosexuales"*: "Selecciones de Teología 45" (2006), p. 343-356.
- X. LACROIX, *En torno al "matrimonio homosexual"*: "Razón y Fe 251" (2005), p. 173-185.

6. Pares homossexuais e família (adoção)

- A. AUSCHITZKA, *L'adoption au risque de l'homosexualité*: "Études 391" (1999), p. 173-181.
- J. MIRÓ I ARDÈVOL, *Homosexualidad, matrimonio y adopción* (Madrid, 2005).

7. Vida sacerdotal e religiosa

- H. HEINZ, *Homosexualität und geistliche Berufe*: "Stimmen der Zeit 214" (1996), p. 681-692.

- E. Vacek, *Acting more humanely: Accepting Gays into the Priesthood*: "America" (16/XII/2002).
- Ch. J. Renz, *Learning a Foreign Language: Continuing the Dialogue on Homosexuality*: "Review for Religious 60" (2001), p. 377-386.
- J. San José Prisco, *La homosexualidad: criterios para el discernimiento vocacional*: "Seminarios 48" (2002) n. 166, p. 529-551.
- C. Domínguez, *La homosexualidad en el sacerdocio y en la vida consagrada*: "Sal Terrae 90" (2002), p. 129-140.
- L. Sperry, *Sexo, sacerdocio e Iglesia* (Santander, 2004).
- Dossier. *Homosexualité et ministère ordonné*: "La Documentation Catholique 103" (2006) n. 2349, p. 24-39.
- E. López Azpitarte, *Homosexualidad, sacerdocio, vida religiosa*: "Vida Nueva n. 2.509" (4 de marzo de 2006), p. 23-30.
- G. Ghirlanda, *Gli omosessuali e l'ammissione al sacerdozio. Aspetti canonici*: "La Civiltà Cattolica 158" (2007) I, p. 436-449.

ÍNDICE

Apresentação 5

Primeira Parte:
Sexualidade e Cristianismo 9

1. **Orientações bíblicas** 11
   1. A moral sexual no Antigo Testamento 11
      a. Originalidade 12
      b. Prescrições rituais e tabus sexuais 14
      c. Revelação do mistério do amor humano 16
   2. A moral sexual no Novo Testamento 22
      a. A revelação plena do amor humano 23
      b. Orientações morais 28

2. **Perspectivas da tradição teológica** 37
   1. Observações sobre o pensamento cristão primitivo 37
      a. Influência do estoicismo 38
      b. Influência do dualismo helênico e do neoplatonismo 40
      c. Concepções pré-científicas 42
      d. Fatores pessoais 43
      e. Movimentos extremistas 43
   2. Observações sobre o pensamento medieval 45
      a. Os dados 45
      b. Avaliação 51

3. A moral sexual na época do casuísmo
   (de Trento até o Vaticano II) 51
   a. *Sob a orientação expressada no Decálogo* 54
   b. *Sob a ordenação da virtude da "castidade"* 56
   c. *O pecado em matéria de sexualidade* 57

3. **Concepções recentes: entre a "renovação"**
   e a "restauração" 61
   1. Orientações "renovadoras" 61
      a. *Aspectos epistemológicos* 62
      b. *O modelo moral para o comportamento sexual* 65
      c. *O sistema normativo* 68
   2. O momento de "crise" (sinais de "restauração") 72
      a. *"Intervenções" sobre opiniões de moralistas* 72
      b. *Dificuldades diante do magistério eclesiástico* 74
      c. *Declaração* "Persona Humana" (*CDF, 1975*) 76
      d. *Balanço do extenso magistério de João Paulo II*
         sobre a moral sexual 82

4. **Situação presente e perspectivas de futuro** 87
   1. A reflexão teológico-moral depois de 1975 87
   2. Questões abertas 89

5. **Para uma sistematização do tema** 93
   1. A função hermenêutica de um "construto teórico" 94
   2. A cosmovisão cristã da sexualidade 95
      a. *No horizonte significativo da confissão de fé*
         em Deus Pai, "Criador do Céu e da Terra" 98
      b. *O Paradigma da comunhão trinitária de Amor* 98
      c. *O "Paradoxo" do Verbo feito Carne* 100
      d. *No tempo da Igreja* 101

3. Da "cosmovisão" ao paradigma ético 104
   a. *Os Paradigmas de ética sexual na tradição cristã* 105
   b. *O "Conflito de Paradigmas" na situação presente* 106
   c. Recuperação do "Núcleo Axiológico"
      de inspiração evangélica 107
4. Desafios ao discurso teológico-moral do futuro 109

Bibliografia 115

Anexo bibliográfico 119

Segunda Parte:
Condição Homossexual e Cristianismo 123

**6. As raízes bíblicas da compreensão cristã
sobre a homossexualidade** 125
   1. Antigo Testamento 126
      a. *O relato de Sodoma e Gomorra* 126
      b. *Duas Leis do Levítico* 128
      c. *Observações complementares* 129
   2. Novo Testamento 130
      a. *Na diatribe da Carta aos Romanos* 131
      b. *Nas listas de vícios* 132
   3. Balanço 134

7. A tradição eclesial sobre a homossexualidade 137
   1. Época patrística..138
   2. Idade Média 140
      a. *Condenação dos teólogos* 140
      b. *Sinais de tolerância?* 141
   3. Época da moral casuísta 144

8. **Doutrina do magistério eclesiástico recente** 147
   1. Intervenções da Congregação para a Doutrina da Fé 148
      a. *Declaração "Persona Humana" (1975)* 148
      b. *Carta aos Bispos da Igreja Católica (1986)* 150
      c. *Considerações sobre Propostas de Leis não Discriminatórias (1992)* 152
      d. *Considerações sobre as Uniões entre Pessoas Homossexuais (2003)* 155
   2. Outros documentos romanos 157
      a. *Congregação para a Educação Católica* 157
      b. *Catecismo da Igreja Católica* 158
      c. *Pontifício Conselho para a Família (1995)* 160
      d. *Pontifício Conselho para a Família (2000)* 161
      e. *Instrução da Congregação para a Educação Católica sobre Sacerdócio e Homossexualidade (2005)* 162
   3. Documentos episcopais 165
   4. Balanço 172

9. **O estado da questão entre os teólogos católicos** 175

10. **Os pontos críticos da doutrina católica oficial** 181
    1. A compreensão da orientação homossexual 181
    2. Os direitos civis das pessoas homossexuais 183
    3. As uniões civis de fato 183
    4. As relações entre pessoas homossexuais 187

Bibliografia 189